**La natura pubblica dell'istruzi**⸺⸺ ⸺⸺⸺⸺⸺ ⸺⸺ ⸺⸺⸺⸺⸺⸺ **pubblico-privati**

Patrícia Oliveira
Cassio Vale

# La natura pubblica dell'istruzione nel contesto dei partenariati pubblico-privati

## A chi giova il partenariato?

**ScienciaScripts**

**Imprint**

Any brand names and product names mentioned in this book are subject to trademark, brand or patent protection and are trademarks or registered trademarks of their respective holders. The use of brand names, product names, common names, trade names, product descriptions etc. even without a particular marking in this work is in no way to be construed to mean that such names may be regarded as unrestricted in respect of trademark and brand protection legislation and could thus be used by anyone.

Cover image: www.ingimage.com

This book is a translation from the original published under ISBN 978-613-9-62156-9.

Publisher:
Sciencia Scripts
is a trademark of
Dodo Books Indian Ocean Ltd. and OmniScriptum S.R.L publishing group

120 High Road, East Finchley, London, N2 9ED, United Kingdom
Str. Armeneasca 28/1, office 1, Chisinau MD-2012, Republic of Moldova, Europe

**ISBN: 978-620-7-27445-1**

# 1 PREFAZIONE

Nel periodo di ascesa democratica che seguì la promulgazione della Costituzione federale del 1988, la società brasiliana la considerò uno spartiacque per la difesa e la garanzia degli interessi collettivi, di cui si intravedeva, all'orizzonte, l'ampliamento della protezione per i gruppi storicamente esclusi, come nella poesia "Cangao Obvia", del 1986[1] , in cui Paulo Freire esprime il suo desiderio e la sua ansia per i momenti di dialogo e anche di speranza per giorni migliori.

Cangao Obvia
Ho scelto l'ombra di un albero per meditare su quanto avrei potuto fare nell'attesa di te. Chi aspetta nella pura speranza vive in un tempo di attesa.
Così, mentre ti aspetto
Lavorerò nei campi e parlerò con uomini, donne e bambini Le mie mani saranno callose
i miei piedi impareranno i misteri delle strade
il mio corpo sarà bruciato dal sole
i miei occhi vedranno ciò che non hanno mai visto prima
le mie orecchie sentiranno rumori prima inosservati nel suono diffuso di ogni giorno.
Diffiderò di coloro che verranno a dirmi all'ombra di quell'albero, avvertiti che è pericoloso aspettare come faccio io, che è pericoloso camminare, che è pericoloso parlare...
perché rifiutano la gioia del vostro arrivo.
Diffiderò anche di chi verrà a dirmi, all'ombra di questo albero, che sei già arrivato perché chi ti annuncia ingenuamente ti ha già denunciato.
Ti aspetterò come il giardiniere
che prepara il giardino per la rosa che si aprirà in primavera.

Uso questa poesia per evidenziare la speranza di Freire, che è simile a quella della nazione brasiliana in occasione del raggiungimento della Costituzione, essendo il contenuto della poesia e della Magna Carta un canto dell'ovvietà dei diritti così spesso negati da coloro che "custodiscono" la nazione.

Utilizzo il suo contenuto anche per sottolineare la nostalgia e l'attesa dello spazio di dialogo di cui ha disperatamente bisogno questo Paese, il cui slancio è sommerso dai danni sociali derivanti da politiche che voltano le spalle alla nazione brasiliana e hanno legami e impegni embrionali con il mercato finanziario internazionale, in cui le relazioni pubblico-privato, oggetto di questo libro, rappresentano uno dei segmenti del progetto neoliberale delle varie facce che il capitalismo manifesta, in cui una delle sue conseguenze sull'educazione è la conformazione dell'ideologia secondo cui questo servizio è un investimento - una merce - che deve essere regolato dal mercato.

---

1 Questa poesia è stata pubblicata da Francisco Gutierrez nel 2008 nel libro Reinventare Paulo Freira nel XXI secolo per fare riferimento ed evidenziare la dimensione umana di Freire, ricordando l'occasione in cui Freire ricevette il premio dell'UNESCO per l'Educazione alla Pace a Parigi, ma fu ignorato dal rappresentante del Paese in quel momento.

Di fronte a questo contesto segnato da tali determinazioni, in cui l'intero Paese subisce l'impatto di questo progetto che cambia la priorità delle politiche pubbliche, il lavoro degli autori è tempestivo e necessario. Rappresenta una forma di resistenza, un modo di "schierarsi", di non essere indifferenti, di coinvolgersi con la società civile e i movimenti sociali, come strumento di denuncia e di difesa del pubblico non subordinato alle determinazioni del settore privato e del mercato.

Siamo però consapevoli che questa sfida richiede un grande sforzo, perché la contesa politica si basa su strategie non dichiarate e, nel contesto attuale, è segnata da forti pressioni e vessazioni da parte degli stessi poteri della Repubblica, che sono in combutta con una classe che non è quella delle maggioranze.

È con questa sfida che vorremmo che vi appropriaste del contributo di questo lavoro, che è stato organizzato come un ulteriore modo per stimolare l'allargamento della resistenza dal punto di vista della costruzione collettiva, al fine di rifondare la democrazia su base popolare, costruita sulla base del pensiero egemonico forgiato nella vita quotidiana del popolo di questa nazione.

Buona lettura e buon apprendimento.

Maria do Socorro Vasconcelos Pereira, marzo 2018.

# 2 INTRODUZIONE

Questo libro analizza come il rapporto tra pubblico e privato si sia rafforzato in vari settori della società e, in particolare, nell'istruzione, che interferisce ideologicamente con il suo carattere pubblico e lo trasforma. Dopo l'instaurazione di partenariati con la sfera privata, essa subisce alcune metamorfosi che ne alterano il significato originario e ne modificano l'essenza da diritto a servizio, dove l'investimento nell'istruzione diventa una questione diretta da e per il mercato.

Crediamo che comprendere il contesto delle relazioni pubblico-privato in Brasile sia un compito importante, viste le trasformazioni avvenute nella gestione pubblica dalla riapertura della democrazia nel 1988 con la Costituzione Federale, nell'esecuzione dei servizi e nella conduzione delle politiche educative che si sono riverberate nella concezione e nell'elaborazione di un quadro legislativo che facilita ogni giorno gli accordi diretti tra il pubblico e il privato, che prima avevano una relativa analisi e/o barriere per stabilire tali accordi ora rompono tutte le barriere possibili come nel caso della legge n° 11. 079/2004, che fonda e determina come le partnership pubblico-privato debbano essere offerte nella sfera pubblica.079/2004, che sostiene e determina il modo in cui i partenariati pubblico-privati devono essere offerti nella sfera pubblica.

In questi accordi, ci risulta che le organizzazioni del terzo settore siano d'accordo con i rappresentanti diretti nella conduzione dei partenariati perché ritengono di non far parte del pubblico e di non difendere gli interessi del settore privato, il che darebbe loro credibilità per agire con lo Stato, secondo i loro sostenitori.

Tuttavia, le azioni di questi rappresentanti sono guidate da un macro piano del mondo mercantile con implicazioni dirette sulle politiche educative brasiliane. In altre parole, capiamo che, sebbene proclamino di non essere al servizio né del settore pubblico né di quello privato, agiscono in una prospettiva orientata al mercato, il che implica che dirigeranno le loro azioni a favore degli interessi del mercato, anche in nome del pubblico.

Infatti, è sempre in nome del pubblico che si fanno accordi tra lo Stato e l'iniziativa privata, ma non si definisce cosa sia il pubblico, quale sia il pubblico e se questo pubblico ne trarrà davvero beneficio da un punto di vista quantitativo e/o qualitativo o se si tratta solo di un'altra azione mascherata a beneficio di un piccolo gruppo della società che si allea con lo Stato o ne approfitta per avvantaggiare la maggioranza della popolazione.

Questi macro cambiamenti sono stati guidati da agenzie internazionali come la Banca Interamericana di Sviluppo (BID), la Banca Interamericana per la Ricostruzione e lo Sviluppo (BIRS) e il Fondo Monetario Internazionale (FMI) a partire dagli anni '80 e '90. In Brasile sono stati incorporati attraverso politiche pubbliche stabilite dallo Stato. In Brasile, sono stati incorporati attraverso politiche pubbliche stabilite dallo Stato. Il controllo internazionale ha deliberatamente influenzato i Paesi latinoamericani, guidato da interessi economici (commerciali), come nel caso del Brasile.

Secondo Cabral Neto e Castro (2005), le agenzie internazionali come la BIRS hanno avuto un ruolo di primo piano sulla scena mondiale per quanto riguarda le politiche educative in America Latina, con finanziamenti e consulenze tecniche che "aiutano" i Paesi in via di sviluppo come il Brasile attraverso prestiti, il che significa che il Paese ha sempre un legame diretto con questa agenzia, dal momento che il debito del Brasile non è ancora stato completamente saldato, perché quando ci sono investimenti da parte della Banca Mondiale o del Fondo Monetario Internazionale o di un'altra organizzazione internazionale nelle politiche pubbliche, significa che con ogni prestito il debito dello Stato aumenta.

In altre parole, c'è un "aiuto" attraverso l'investimento, ma questo aiuto è gravato da tassi di interesse molto alti e, oltre alle spese, è necessario incorporare le linee guida della BIRS per lo sviluppo sociale, dal punto di vista dei principi neoliberali che sono stati seguiti alla lettera negli anni '90, con l'eccezione di uno dei principi, che era la partecipazione minima dello Stato nella definizione delle politiche pubbliche, perché sarebbe un'utopia.

Sappiamo che una delle priorità di queste organizzazioni è introdurre i loro principi nelle politiche sociali, comprese quelle incentrate sull'educazione, perché diffondendo i loro ideali si amplia la loro forma di controllo, che aumenta il loro dominio a livello mondiale e le rafforza come agenzie che si definiscono competenti ad agire in collaborazione con gli Stati.

Nei loro discorsi, gli attori internazionali invitano gli Stati a stabilire alleanze con il settore privato se vogliono ottenere un successo numerico nelle loro politiche,

Pertanto, con le recenti linee guida della Banca Mondiale e l'ampliamento dell'accesso all'istruzione pubblica da parte dello Stato, l'importanza del settore privato è diventata fondamentale nell'attuazione delle politiche educative. In altre parole, le virtù del settore privato possono arrivare dove lo Stato non può. Pertanto, la ridefinizione del ruolo dello Stato avviene soprattutto nell'esecuzione e nella conduzione delle politiche educative, in quanto lo Stato, nell'offrire l'istruzione di base, trasferisce l'esecuzione e la realizzazione dell'istruzione al settore privato (CAETANO e PERONI, 2015, p. 92-93).

Queste interferenze modificano il significato e il carattere pubblico dell'istruzione nella misura in cui il settore privato diventa parte del settore pubblico, agendo sempre più attraverso partnership, gestione totale e/o parziale in vari settori sociali che prima erano di esclusiva competenza del settore pubblico, uno dei quali è l'istruzione. Vorremmo sottolineare che anche lo Stato, che garantisce il diritto all'istruzione, sta cedendo la sua responsabilità al settore privato sotto la guida di organizzazioni internazionali con interessi di mercato.

Non abbiamo individuato in precedenza linee guida di organizzazioni internazionali per aiutare gli Stati a recuperare la loro forza nella gestione pubblica con proposte da parte degli Stati stessi per migliorare la società che rappresentano, insieme ai dipendenti pubblici che sono formati perché sono entrati attraverso la logica della meritocrazia tramite concorsi. I professionisti del settore pubblico sembrano essere ignorati in queste linee guida internazionali che il Brasile sta incorporando, e sarebbero i soggetti esclusivi per l'esecuzione di ciò che i professionisti del settore privato determinano in azioni in partnership con lo Stato.

L'ingresso del settore privato è avvenuto con la pretesa di una maggiore efficienza ed efficacia. In Brasile, ciò è stato evidenziato soprattutto dalla riforma amministrativa dello Stato, avvenuta nel 1995 con il Piano generale di riforma dell'apparato statale (PDRAE).

La crisi brasiliana dell'ultimo decennio è stata anche una crisi dello Stato. Come risultato del modello di sviluppo adottato dai governi precedenti, lo Stato ha deviato dalle sue funzioni di base per aumentare la sua presenza nel settore produttivo, il che ha portato, oltre al graduale deterioramento dei servizi pubblici, a cui ricorre soprattutto la parte meno favorita della popolazione, a un aggravamento della crisi fiscale e, di conseguenza, dell'inflazione. In questo senso, la riforma dello Stato è diventata uno strumento indispensabile per consolidare la stabilizzazione e garantire una crescita economica sostenuta. Solo in questo modo sarà possibile promuovere la correzione delle disuguaglianze sociali e regionali (BRASIL, 1995, p. 6).

Il focus di questo piano è stato quello di favorire il ridimensionamento delle dimensioni dello Stato, attraverso il suo ruolo nei servizi pubblici, contemplando il ruolo dell'iniziativa privata in settori che dovrebbero essere di sua competenza e sottolineando che lo Stato da solo non sarebbe stato in grado di fornire tutti i servizi di cui era responsabile con qualità e che avrebbe avuto bisogno dell'esperienza delle imprese private per lo sviluppo del Brasile. Si introduce la logica gestionale tipica dell'impresa privata nel settore pubblico, comprese le scuole pubbliche e si stimolano le partnership tra il settore pubblico e quello privato, il cui rapporto ha antiche radici economiche e politiche (SGUISSARDI, 2009).

Alla luce di ciò, questo testo analizza come i partenariati pubblico-privati interferiscano nella configurazione della gestione pubblica fino a modificare il significato e il carattere del pubblico, poiché l'inserimento della logica privata entra nella sfera pubblica, modificandone l'essenza e trasformando i diritti pubblici costituzionali in redditizi servizi commerciabili che dimenticano la priorità della formazione continua per concentrarsi principalmente sugli indici di valutazione su larga scala.

A tal fine, questo lavoro presenta al lettore come l'attuale legislazione e il modo in cui il pubblico si relaziona con il privato attraverso i partenariati modifichino l'essenza dell'educazione pubblica nella formazione di soggetti critici che si schierano nella società sulle situazioni più diverse per gli attori che devono esibirsi in valutazioni su larga scala e che, pur essendo indicativi della situazione educativa nel suo complesso, non possono essere riassunti come sostengono le organizzazioni internazionali e i partner privati, associando la buona educazione a numeri tipici della logica aziendale.

Per organizzare un percorso logico che dimostri come cambia la natura pubblica dell'istruzione dopo la stipula di partenariati, abbiamo diviso il lavoro in argomenti per dimostrare la costruzione di ponti nella politica educativa che quasi costringono a stipulare partenariati come unico modo per ottenere risultati numerici soddisfacenti nell'istruzione pubblica, mascherando così i reali interessi nel fare tali accordi.

# 3 DISTINGUERE TRA LE CATEGORIE "PUBBLICO" E "PRIVATO".

In questa sezione cerchiamo di chiarire come si configura il carattere del pubblico, del pubblico e del pubblico-privato, ponendo l'accento sulle implicazioni per l'educazione quando si avanzano proposte di gestione pubblica che dovrebbero essere simili a quelle dell'iniziativa privata, cosa che è avvenuta attraverso l'impianto e l'implementazione di politiche pubbliche e/o in attività e pratiche governative, impiegate soprattutto a partire dagli anni '90 in Brasile, come abbiamo già sottolineato.

Non intendiamo esaurire i diversi concetti che sono stati costruiti nel corso della storia e delle relazioni sociali dei popoli. Tuttavia, abbiamo cercato di analizzare il concetto che permea ed è più evidente nel formato dello Stato brasiliano di oggi, e che influenza le forme di organizzazione dello Stato stesso, soprattutto nella sfera sociale e in particolare in quella educativa, che si è consolidata come un campo di intensa iniziativa privata ed è quindi l'oggetto della nostra analisi.

La costruzione concettuale di Florenzano (2001) rivela che già dall'inizio della civiltà esisteva una chiara distinzione tra pubblico e privato, chiamati rispettivamente *Polis* e *Dikes*. Il concetto evidenzia le caratteristiche di ciò che di fatto era inteso come pubblico e privato e lo rafforza:

> [...] il contrasto tra pubblico e privato era netto. La **vita pubblica si svolgeva nell'arena aperta**: assemblee, mercati, corti di giustizia, teatri, palestre, campi di battaglia. La **vita pubblica era egualitaria** [...] **L'*oikos, invece,* era uno spazio chiuso e funzionale** [...] La relazione che si instaurava all'interno dell'*oikos* era personale, intima, gerarchica e diseguale (FLORENZANO, 2001, p. 3; corsivo dell'autore).

Si può quindi notare che questi termini sono chiaramente presentati come antonimi e servivano in modo univoco a distinguere le persone, a delimitare le relazioni sociali e a classificare coloro che avevano maggiore potere sulle proprietà private rispetto a coloro che frequentavano gli spazi pubblici. Ciò significa che i gruppi sociali che frequentavano o appartenevano alle *dighe erano* autorizzati a frequentare gli spazi della *Polis,* ma la situazione inversa non si verificava in entrambi i casi, poiché tutti avevano accesso al pubblico, ma l'ingresso negli spazi privati richiedeva determinati criteri, accettazione e permesso.

L'organizzazione della sfera pubblica ha peculiarità distinte dalla sfera privata che sono incommensurabili dal punto di vista dei diritti di chi frequenta ogni spazio, perché nella sfera pubblica c'è una relativa uguaglianza e possibilità per tutti, mentre nella sfera privata questi diritti devono essere conquistati attraverso l'imposizione e/o l'acquisto.

Concordando con questo concetto, Arendt (2007) chiarisce che la *polis* (pubblica) e il privato (famiglia/privato) si differenziavano essenzialmente perché la prima aveva solo l'uguaglianza tra i suoi membri, mentre il secondo era caratterizzato dalla più grave disuguaglianza. "La sfera pubblica, in quanto mondo comune, ci riunisce in compagnia gli uni degli altri e tuttavia ci impedisce di scontrarci gli uni con gli altri" (p. 62).

Sempre secondo l'autore, la sfera privata è segnata da interessi personali, dove alcuni membri sono asserviti ad altri e dove, in generale, un membro comanda sugli altri in senso gerarchico. La disuguaglianza all'interno della sfera privata provocherebbe limitazioni nelle relazioni sociali che nella sfera pubblica sono attenuate o inesistenti perché hanno gli stessi diritti e le stesse armi per lottare lealmente.

Il movimento di civilizzazione del XIX secolo, in una concezione più moderna, secondo Locke (n.d., p. 14) rivela che il pubblico ha le sue peculiarità e le azioni rivolte a questo settore devono essere finalizzate al bene collettivo "oltre che al bene della nazione come richiedono le esigenze dei tempi".

Per Bobbio (2009), il concetto di pubblico e privato è descritto come una dicotomia e un concetto non lineare a causa dei cambiamenti delle società nella storia e nelle relazioni politiche ed economiche.

storia del pensiero politico e sociale occidentale a partire dalla materialità della

capitalismo con l'emergere dell'economia politica, da cui deriva la distinzione tra la sfera

dei rapporti economici e la sfera dei rapporti politici, intesa come

relazioni economiche diseguali come risultato della divisione del lavoro che ě

caratterizzata anche come società di uguali, a livello formale per il mercato.

Per Bobbio (2009), la dicotomia tra pubblico e privato si distingue quando c'è una differenziazione,

[...] tra la società politica (o società degli ineguali) e la società economica (o società degli uguali), o dal punto di vista del soggetto caratteristico di entrambe, tra la società dei *cittadini che si occupa dell'*interesse pubblico e la *società borghese* che si occupa dei propri interessi privati in concorrenza o in collaborazione con altri individui (p.17).

Per DaMatta (1997), la differenza tra pubblico e privato in Brasile è legata al concetto di "casa" e "strada":

Quando dico, quindi, che **"casa" e "strada" sono categorie sociologiche per i brasiliani**, dico che, tra noi, **queste parole non designano semplicemente spazi geografici** o cose fisiche misurabili, **ma** soprattutto **entità morali, sfere di azione sociale, province etiche dotate di positività, domini culturali istituzionalizzati** e, per questo, capaci di suscitare emozioni, reazioni, leggi, preghiere, canzoni e immagini esteticamente inquadrate e ispirate (DAMATA, p. 15; corsivo aggiunto). 15; corsivo aggiunto).

Così, l'autore afferma che ciò che fa parte della mia casa è privato e ciò che fa parte della strada è pubblico. Questa affermazione ci porta a capire che alcuni individui si comportano in base alla comprensione che

**Per strada, la vergogna del disordine non è più nostra, ma dello Stato**. Puliamo ritualmente la casa e sporchiamo la strada senza cerimonie o vergogna... Non siamo effettivamente capaci di proiettare la casa sulla strada in modo sistematico e coerente, se non quando ricreiamo lo stesso ambiente domestico e familiare nello spazio pubblico (DAMATTA, 1997, p. 20; corsivo dell'autore).

Sembra che la scissione tra pubblico e privato porti a una comprensione che conduce a comportamenti in relazione allo Stato, alla città, alla strada, alla casa, all'individuo.

Tutto ciò indica **che non si può, di fatto, parlare di spazio senza parlare di tempo** - il che ci porta a sottolineare ancora una volta che deve essere solo **nel sistema occidentale anglosassone, dove il capitalismo è diventato il sistema economico dominante** con tutte le conseguenze che stiamo lentamente scoprendo in modo più approfondito, che il tempo e lo spazio si presentano in modo più individualizzato, "disincastrati" dal sistema di azione sociale e incapsulati in un sistema omogeneo ed egemonico di durata, di misurazione e persino di percezione e relazione (DAMATTA, 1997, p. 35; corsivo nostro). 35; corsivo nostro).

Notiamo che il concetto definito nel Dicionario de Lingua Portuguesa rivela che pubblico è inteso come relativo o destinato al popolo e rivolto a tutti, mentre privato è considerato il suo opposto, ed è quindi inteso come privato, dove il pubblico non ha libero accesso (FERREIRA, 2001).

Al contrario, il concetto difeso da Saviani (2015) rivela che pubblico e privato sono categorie correlate e inscindibili, che si comportano come opposti, visto che l'uno può essere compreso solo a partire dall'altro. Sono identificati come originari e specifici della modernità, poiché sono nati dal capitalismo, che ha inserito la merce come "valore di scambio" nelle relazioni sociali. Secondo Japiassu e Marcondes (2008), il "valore di scambio" ha un significato economico e si riferisce al lavoro umano quando produce un valore d'uso, ovvero quando gli esseri umani producono oggetti che hanno una funzione.

Ciò corrobora l'opinione di Saviani (2015) secondo cui prima del capitalismo le relazioni sociali erano chiare in apparenza e nella sostanza: nel sistema feudale il padrone possedeva la terra, la proprietà e lo schiavo. Nel capitalismo, questo non accade: "proprietari apparentemente uguali si incontrano sul mercato, ma in realtà sono diseguali, realizzando, sotto l'apparenza della libertà, l'asservimento del lavoro al capitale" (SAVIANI, 2015, p. 48). Secondo l'autore, "si stabilisce una scissione tra l'apparenza e l'essenza, tra il diritto e il fatto, tra la forma e il contenuto, tra il privato e il pubblico" (48).

In questo senso, sotto il capitalismo, le categorie di "pubblico e privato" hanno un intento materiale e ideologico, perché la logica materiale, a livello di relazioni, è l'interpretazione dell'uomo come individuo con la propria particolarità, in relazione all'uomo che condivide il sociale, ma i cui diritti sono limitati a scapito di un altro cittadino (SAVIANI, 2015). Il detto popolare lo dice chiaramente: "I tuoi diritti finiscono dove iniziano quelli degli altri".

Quando abbiamo esaminato in precedenza i concetti di "pubblico" e "privato", abbiamo individuato che questa costruzione è ideologica e che ha impresso sulla scena educativa brasiliana una situazione in cui il pubblico è asservito ai dettami della logica privatistica.

Questa possibilità di introdurre il settore privato in settori che in precedenza erano di competenza specifica dello Stato, con l'argomentazione che i suoi strumenti sono più efficienti per raggiungere gli obiettivi proposti, è stata una delle principali forze trainanti per la creazione di partenariati, dato che è stato in questo periodo, dagli anni '90 in poi, che "i diritti sociali hanno smesso di essere di competenza esclusiva dello Stato e hanno iniziato a essere offerti anche dal settore privato. È stato proprio in questo scenario che i partenariati pubblico-privato si sono accentuati" (BRAGA, 2013, p. 38).

Così, finiscono per inserire nella sfera dell'istruzione pubblica metodologie simili a quelle delle aziende private, con scadenze prefissate e obiettivi da raggiungere, come se tutto funzionasse in modo robotizzato, dimenticando che l'istruzione è un processo, con esseri umani dai ritmi diversi e che non si possono fissare scadenze per ottenere un'istruzione di qualità incentrata su studenti emancipati.

Tuttavia, in modo più enfatico dopo il CF, è stato a partire dal PDRAE che le partnership sono state incoraggiate come un modo per garantire l'efficienza dei servizi forniti, che lo Stato da solo non era in grado di offrire con qualità, secondo quanto affermato dai sostenitori e dagli autori del piano. Secondo il documento, lo Stato avrebbe continuato a regolare i servizi dopo le partnership con il settore privato, perché aveva capito che "servizi" come l'istruzione erano essenziali per lo sviluppo economico del Paese (BRASIL, 1995).

Questo documento è stato concepito da Luiz Carlos Bresser Pereira, che è stato Ministro per la Riforma dell'Apparato Statale nel primo anno dei due mandati di FHC, ha utilizzato questa riforma con l'argomentazione che il Brasile era in ritardo rispetto ai Paesi sviluppati che stavano già utilizzando nuovi meccanismi di gestione pubblica e che la partnership con il settore privato era una delle opzioni migliori (idem).

La gestione era l'obiettivo principale di questa riforma, perché gli ideatori del piano avevano capito che i problemi sociali non derivavano da questioni come la mancanza di risorse, ma da una cattiva gestione bloccata nelle regole obsolete della burocrazia, che impediva il flusso e, di conseguenza, i risultati soddisfacenti degli investimenti nelle politiche pubbliche come l'istruzione. In questo periodo, le scuole pubbliche hanno dovuto adattarsi alla nuova organizzazione del Paese nel modo rapido e verticale tipico delle relazioni autoritarie (VALE, 2017, p. 57).

Notiamo che il PDRAE è la prima grande riforma in Brasile a seguito della riapertura della democrazia dopo anni di dittatura militare, presenta e difende il rapporto tra pubblico e privato nei più diversi settori sociali, diffondendo che una cattiva gestione pubblica lascerà il Paese in una situazione sconfortante in termini di risultati quantitativi e che l'istruzione pubblica è stata attaccata direttamente attraverso la sua gestione, che dovrebbe subire dei cambiamenti e il preside della scuola dovrebbe ora essere simile a un manager d'impresa che controlla gli obiettivi del suo team di lavoro.

Questa riforma si distingue nel panorama nazionale come una delle più importanti, incentrata sul rapporto pubblico-privato. Da allora fino ad oggi, le riforme in Brasile hanno convergono con l'obiettivo di perfezionare questo rapporto, favorendo sempre l'autonomia della sfera privata nell'agire in ciò che è pubblico, come vedremo di seguito.

# 4 RIFORME STATALI CHE FAVORISCONO LE RELAZIONI PUBBLICO-PRIVATO: RIFLESSIONI DAL GOVERNO FHC A MICHEL TEMER

Lo Stato rappresentativo moderno che conosciamo oggi è stato analizzato per la prima volta nelle parole del liberale John Locke, dove ci sarebbe stato uno Stato guidato da leggi naturali che dovevano essere rispettate e chi le trasgrediva doveva essere punito. Ma è nelle analisi successive di Karl Marx che scopriamo il lato più crudele di questo Stato, che sarebbe guidato dagli interessi di gruppi particolari. In questo testo abbiamo utilizzato la concezione dello Stato di Marx perché concordiamo sul fatto che è il classico che meglio rivela le attuali riforme statali contemporanee a danno di una classe specifica.

Marx ed Engels (1982) affermano che lo Stato favorisce gli interessi dei proprietari privati nelle loro lotte perché lo Stato è stato creato proprio per consentire alla borghesia di espandere i propri affari. Pertanto, lo Stato è un punto strategico per mantenere la disuguaglianza sociale.

È a questa moderna proprietà privata che corrisponde lo Stato moderno, acquisito a poco a poco dai proprietari privati attraverso le tasse, interamente nelle loro mani attraverso il sistema del debito pubblico e la cui esistenza dipende esclusivamente, attraverso l'aumento e la diminuzione dei valori di borsa dello Stato, dal credito commerciale che gli viene concesso dai proprietari privati, la borghesia (p.98).

Gli autori proseguono affermando che

Poiché lo Stato è la forma in cui gli individui di una classe dominante affermano i loro interessi comuni e in cui si riassume l'intera società civile di un'epoca, ne consegue che tutte le istituzioni comuni sono mediate dallo Stato e acquisiscono una forma politica attraverso di esso. Da qui l'illusione che il diritto si basi sulla volontà e, ancor più, su una volontà staccata dal suo vero fondamento: il libero arbitrio. Allo stesso modo, il diritto viene nuovamente ridotto a legge (MARX e ENGELS, 1982, p. 98).

Possiamo notare che lo Stato ha storicamente agito al di là dei muri di confine tra ciò che è pubblico e ciò che è privato, e di chi dovrebbe realmente beneficiare. È difficile capire che agirà a favore di coloro che ne hanno più bisogno socialmente, dal momento che i rappresentanti ufficiali dovrebbero lavorare per conto della maggioranza della popolazione che contribuisce con le tasse, ma le loro decisioni sono direttamente influenzate da soggetti che vogliono imporre i loro desideri e interessi alla sfera pubblica, come nel caso del Brasile e delle sue riforme che avvantaggiano la sfera privata in nome del pubblico.

Negli anni Ottanta, Novanta e Duemila, il movimento internazionale ha adattato l'economia, soprattutto nei Paesi dell'America Latina, ai dettami neoliberali del mercato, culminando in riforme statali, soprattutto in Brasile, dove il settore privato è e continua a essere visto come la soluzione ai più diversi problemi sociali.

La Riforma degli anni '90, in particolare, è stata attuata per sostituire un'amministrazione burocratica, patrimonialista e corporativa con un'altra definita manageriale, in nome della modernizzazione dello Stato, per renderlo più agile, efficiente e capace di servire gli interessi pubblici (BRESSER-PEREIRA, 1996).

Questi cambiamenti che lo Stato brasiliano ha subito negli ultimi decenni hanno rafforzato l'idea che la sfera pubblica sarà più efficiente se aiutata dal settore privato con la sua logica di marketing, che vede il mondo degli affari in una luce positiva, almeno quando si tratta di raggiungere obiettivi e traguardi,

L'adozione di premesse neoliberali in Brasile ha inciso profondamente anche sulle relazioni sociali e sulle condizioni di vita delle persone, in particolare per quanto riguarda l'erogazione dei diritti sociali dei cittadini, come l'istruzione, la salute, la casa, tra gli altri. Ciò è avvenuto perché, in linea con l'ideale neoliberale, lo Stato brasiliano è stato riformato [...] (BRAGA, 2013, p.38).

In questo contesto, le virtù della sfera privata sono sopravvalutate e, secondo Luz (2013), attuano una logica di decentramento della gestione delle politiche pubbliche, allineandosi e articolando la prospettiva di uno Stato minimo. Secondo Silva (2010):

[...] il discorso liberale attribuisce all'intervento dello Stato e alla sfera pubblica tutti i mali sociali ed economici della nostra situazione attuale e alla libera impresa tutte le virtù che possono portare alla rigenerazione e alla ripresa della democrazia, dell'economia e della società (p. 11).

In Brasile, il PDRAE ha consolidato il ruolo del settore privato nei confronti dello Stato, apportando cambiamenti nella sfera giuridica e restringendo sempre più il rapporto tra settore pubblico e privato. Questo piano iniziò a consolidare il parametro della crescita sostenuta dell'economia, cioè il mercato iniziò a dettare le regole economiche di crescita e sviluppo allo Stato e, in nome della modernizzazione, fu implementato il partenariato pubblico-privato, con l'obiettivo di avere strumenti migliori per affrontare problemi sociali come l'istruzione (BRASIL, 1995).

Il PDRAE è il primo manifesto politico in cui la necessità di partnership pubblico-privato nella sfera pubblica è resa più evidente dal discorso ufficiale in cui lo Stato incoraggia sempre più il settore privato ad agire, in particolare nel campo dell'istruzione, in modo che i risultati delle valutazioni delle scuole pubbliche su larga scala debbano essere positivi, poiché questo è un parametro di qualità per il governo - indici elevati.

Nel campo dell'istruzione, questo scenario non è stato diverso, in quanto i buoni risultati quantitativi ottenuti in alcune aziende che utilizzano la logica mercantile della "qualità", gli investimenti adeguati e il successo sono stati associati alla scuola affinché potesse avere successo (VALE, 2016, p. 31).

Il governo di Fernando Henrique Cardoso (FHC) tra il 1995 e il 2002 ha presentato proposte coerenti con la logica neoliberale e, a tal fine, ha giustificato il miglioramento dell'economia con l'avvicinamento al settore privato e ha attuato azioni, tra cui la privatizzazione, con l'accusa di rendere più efficienti settori come l'energia negli Stati brasiliani.

Questo forte ruolo del settore privato è stato giustificato dalle argomentazioni dell'allora Ministro dell'Amministrazione Federale e della Riforma dello Stato, Luiz Carlos Bresser-Pereira, che ha affermato:

A partire dagli anni '70, tuttavia, a causa della sua crescita distorta e del processo di globalizzazione, **lo Stato è entrato in crisi ed è diventato la causa principale della riduzione dei tassi di crescita economica**, dell'aumento dei tassi di disoccupazione e dell'incremento del tasso di inflazione che da allora si è verificato in tutto il mondo (BRESSER-PEREIRA, 1997, p. 7; corsivo dell'autore).

L'argomentazione secondo cui i problemi sociali, economici e di altro tipo sono generati dalle azioni incompetenti e inefficienti dello Stato e che solo il settore privato può risolverli contribuisce a sostenere teorie come quelle difese da Bresser-Pereira (1997) quando afferma che la "ricostruzione dello Stato" avverrà attraverso: 1) la delimitazione delle dimensioni dello Stato, 2) la ridefinizione del ruolo regolatore dello Stato, 3) il recupero della governance e 4) l'aumento della governabilità. Questi problemi potrebbero quindi essere superati attraverso una riforma amministrativa, in modo che lo Stato..:

[...] potrebbe adempiere non solo ai suoi compiti classici di garanzia della proprietà e dei contratti, ma anche al suo ruolo di garante dei diritti sociali e di **promotore della competitività del rispettivo Paese**" (BRESSER-PEREIRA, 1997, p.7; corsivo aggiunto).

In questo modo, il PDRAE diffonde il discorso ufficiale in difesa del rapporto pubblico-privato attraverso la privatizzazione, la pubblicizzazione e l'esternalizzazione e, secondo Bresser-Pereira (1997),

Per privatizzazione, il documento intende il trasferimento della proprietà di un determinato settore al settore privato con l'obiettivo di trasformarlo in un'istituzione di mercato. L'esternalizzazione corrisponde al processo di trasferimento al settore privato di servizi caratterizzati come ausiliari o di supporto alle attività svolte dallo Stato. La pubblicizzazione, a sua volta, consisterebbe nel trasferimento al settore pubblico non statale dei servizi sociali e scientifici che lo Stato attualmente fornisce (PERONI e ADRIAO, 2007, p. 47).

Il PDRAE propone cambiamenti nelle relazioni sociali attraverso l'incorporazione di nuovi modelli di gestione degli affari pubblici.

In nome della modernizzazione dello Stato, necessaria per adattarsi all'economia globale, il PDRAE propone una riforma amministrativa in cui vengono ridefinite le funzioni dello Stato con l'obiettivo di ridurne le dimensioni (BRAGA, 2013).

Possiamo notare che dal primo governo dell'FHC, il rapporto tra settore pubblico e privato è stato stabilito attraverso una riforma dello Stato che stabilisce l'obiettivo strategico di partnership tra i settori per gestire i settori sociali. Tuttavia, ciò che è accaduto in realtà è stato il trasferimento di responsabilità dallo Stato alle iniziative private. Inoltre, il PDRAE è stato venduto dai media come una rottura con un Paese arretrato.

C'è una divinizzazione degli strumenti di gestione delle imprese private che potrebbero essere utilizzati nella sfera pubblica, attraverso partenariati, per accelerare i servizi pubblici e renderli più efficienti. Le idee del Piano, a mio avviso, squalificano lo Stato bollandolo come inefficiente e presentando come soluzione le partnership con il settore privato, mascherando così la realtà di voler trasferire risorse pubbliche alla classe imprenditoriale e la cosa più grave è che i settori pubblici, come la scuola pubblica, hanno avuto la loro pianificazione redatta con similitudini alle aziende private, che rappresentano le facce più perverse del capitale che mira al profitto ad ogni costo (VALE, 2017, p. 57-58).

Poiché l'istruzione era uno dei settori strategici e al centro delle riforme di questo governo attraverso il PDRAE, in quanto la gestione delle scuole pubbliche era considerata inefficiente e il preside della scuola era considerato direttamente responsabile dei problemi educativi, il discorso ufficiale ha utilizzato la gestione della scuola come argomento per aprire uno spazio alle entità non statali per presentare le loro proposte in modo che potessero servire come modello da utilizzare nelle scuole. Così, il Piano proponeva una gestione basata sui risultati nella sfera pubblica e le scuole pubbliche, in quanto parte della società, dovevano adattarsi alla proposta del Piano e il modo più semplice per stabilire gli obiettivi da raggiungere nelle scuole era attraverso partnership con entità del settore privato che avevano una vasta esperienza nel proporre e raggiungere obiettivi, secondo l'agenda venduta all'epoca.

Tale managerialismo, secondo Di Giovanni e Nogueira (2015, p.2), "[...] può essere inteso come un sistema di descrizione e interpretazione del mondo basato sulle categorie del management privato".), "[...] può essere inteso come un sistema di descrizione e interpretazione del mondo basato sulle categorie del management privato".), "[...] può essere inteso come un sistema di descrizione e interpretazione del mondo basato sulle categorie del management privato" che è stato diffuso dai funzionari del governo brasiliano come il modo migliore per gestire gli affari pubblici e molti dei suoi principi, come la razionalizzazione, la pianificazione, gli obiettivi che sono stati incorporati dalle aziende private e dagli uomini d'affari, sono buoni elementi da utilizzare in qualsiasi tipo di gestione e, se usati correttamente, possono essere molto vantaggiosi a livello sociale.

Vale (2016), nel criticare gli assi del Piano per la gestione della scuola pubblica, sottolinea che all'epoca ci fu un errore da parte del governo nell'assimilare la gestione della scuola pubblica alla gestione aziendale attraverso partenariati pubblico-privati, poiché entrambe hanno scopi diversi, anche se il modello neoliberista vuole trasformare tutto in una merce che può essere commercializzata.

La gestione della scuola pubblica non si limita a dirigere, monitorare, controllare se la comunità scolastica raggiunge gli obiettivi prefissati, il che è orientato al settore aziendale che pensa solo a raggiungere gli obiettivi, a controllare le azioni degli individui che sono coinvolti in questo processo (gli studenti), a valorizzare l'individualismo, a prepararsi per la competizione nel mercato del lavoro, a enfatizzare la meritocrazia, a concentrarsi sui risultati, tra innumerevoli altre caratteristiche che guardano solo ai numeri. In un sistema di apprendimento educativo, questo non dovrebbe essere la priorità, poiché il processo che coinvolge uno studente va oltre i punteggi ottenuti, e la cosa più importante è il processo di formazione, e per questo la scuola pubblica deve essere gestita da educatori impegnati nel processo di insegnamento/apprendimento e non da manager concentrati sui punteggi scolastici (VALE, 2016, p. 22).

In questa logica, è apparso chiaro che la riforma era giustificata in nome del miglioramento dell'istruzione pubblica, ma ciò che si è concretizzato è stato il trasferimento di risorse e responsabilità per l'istruzione al settore privato attraverso partnership. Il settore privato rafforza il suo ruolo nell'istruzione e poi si espande ulteriormente, inserendo la sua logica di mercato in un ambiente che dovrebbe preoccuparsi di formare cittadini critici in un processo continuo, non di formare a tutti i costi con scadenze fissate da pacchetti con cosiddette soluzioni educative, come se gli studenti fossero merci da plasmare.

La riforma dello Stato del 1995 ha portato con sé queste caratteristiche sorprendenti che hanno giustificato l'implementazione di uno Stato con i principi della gestione manageriale, ma questo è stato ampliato nei governi successivi di Lula, Dilma e Temer. L'analisi di Braga (2013) evidenzia l'affermazione che dalla riforma del 1995:

[...] profondi cambiamenti nell'erogazione dei diritti sociali, compresa l'istruzione, e anche nel rapporto tra settore pubblico e privato. L'idea che si è diffusa da allora è che i servizi sociali siano meglio svolti dal settore privato e che **lo Stato da solo non sia in grado di fornire questi servizi in modo efficiente e di qualità.** Nel caso specifico dell'istruzione, il problema della sua scarsa qualità viene imputato alla cattiva gestione delle scuole pubbliche. Per questo motivo, si sostiene il partenariato pubblico-privato nell'istruzione, in cui il settore privato introduce meccanismi aziendali nella gestione della scuola pubblica: è la scuola con gestione aziendale (p. 41; corsivo aggiunto).

Nelle scuole pubbliche, la gestione si è adattata alle riforme basate sul PDRAE, poiché deve mostrare risultati numerici adeguati per bilanciare gli investimenti dello Stato, che ora seguirebbero rigorosamente quanto proposto dall'aggiustamento neoliberale, dove i cambiamenti nell'area dell'istruzione sono stati molto evidenti, sempre in nome del miglioramento educativo e la "scuola viene considerata a somiglianza del mercato, come un 'business' che deve mostrare risultati soddisfacenti per compensare gli investimenti fatti" (DUBLANTE, 2011, p. 10).

Una delle grandi caratteristiche della gestione scolastica è stata l'influenza del suo avvicinamento all'amministrazione aziendale, che fino alla fine degli anni '80 ha portato a chiamarla amministrazione scolastica. I principi che guidavano la prima furono trasferiti all'istruzione. Così, il buon amministratore era quello capace di "pianificare attentamente i suoi passi, organizzare e coordinare razionalmente le attività dei suoi subordinati e saper controllare queste attività" (DUBLANTE *apud* MOTTA, 1997, p. 10).

I nuovi meccanismi utilizzati nel servizio pubblico dovrebbero produrre risultati quantitativi positivi, dal momento che l'amministrazione pubblica manageriale attraverso il PDRAE ha presentato qualcosa di innovativo per il Paese, soprattutto nel modo in cui vengono controllate le proposte e i progetti, dal momento che "non si basa più sui processi ma sui risultati, e non sulla rigorosa professionalizzazione dell'amministrazione pubblica" (BRASIL, 1995, p. 16).

La tendenza a fissare scadenze e obiettivi è tipica del modello neoliberale che il PDRAE ha radicato in Brasile e, inoltre, il settore privato acquista forza per poi espandere il proprio campo d'azione, come nel caso del Fondo di finanziamento degli studenti (FIES), un'altra riforma di questo periodo che ha avvantaggiato il settore privato utilizzando l'argomento che lo Stato stava lavorando per conto del pubblico.

Il programma FIES[3] nel 1999 è un tipo di finanziamento degli studenti che avviene quando i fondi pubblici vengono trasferiti a college, università o istituti privati. L'obiettivo è offrire posti agli studenti. Vorremmo sottolineare che in questo governo c'è

---

[3] http://portal.mec.gov.br/sesu/arquivos/pdf/fies.pdf

una sopravvalutazione dell'investimento pubblico nella sfera privata e che queste risorse spostate in questa sfera sono molto più nell'interesse del settore privato, che ha raggiunto una maggiore redditività, che nell'interesse del settore pubblico, che ha poche garanzie di ritorno su questo investimento.

Nel corso degli anni, il FIES è rimasto una delle principali proposte di collegamento tra il settore pubblico e quello privato, dato che, dal suo lancio a oggi, il finanziamento pubblico non ha fatto altro che aumentare ed è garantito nell'attuale Piano Nazionale dell'Educazione, come si può vedere nell'obiettivo 12, strategia 12.6.

(12.6.) ampliare il finanziamento degli studenti attraverso il Fondo di finanziamento degli studenti (Fies), di cui alla legge n. 10.260 del 12 luglio 2001, con la costituzione di un fondo di garanzia del finanziamento, al fine di eliminare progressivamente l'obbligo di un garante (BRASIL, 2014).

Secondo Vale (2016), i due mandati del FHC hanno semplicemente consolidato un processo iniziato all'inizio degli anni '90, ovvero la partecipazione dell'iniziativa privata e dei principi manageriali nell'amministrazione pubblica del Paese. In generale, la gestione manageriale è maggiormente associata al governo FHC, ma è iniziata nei governi precedenti di Fernando Collor de Mello e Itamar Franco. Questa associazione è in gran parte dovuta alla creazione del PDRAE, che ha reso chiare le intenzioni di chi era al potere con privatizzazioni di massa, un'attenzione ai risultati, all'efficienza e all'accentuazione dei partenariati pubblico-privato, che sono stati così intensi in questo periodo, dove l'uso della gestione manageriale è stato predominante e si è esteso alla gestione delle scuole pubbliche, che hanno un po' perso l'essenza della formazione dei cittadini per concentrarsi sulla cultura degli indici con numeri di bocciature, abbandoni e approvazioni scolastiche in modo che le risorse nell'istruzione mostrassero qualche effetto, secondo il discorso ufficiale.

FHC è stato sostituito alla presidenza della Repubblica da Luiz Inacio Lula da Silva, che ha svolto due mandati successivi tra il 2003 e il 2010. Anche se il suo discorso durante la campagna politica era contrario a quello di FHC, egli continuò le azioni iniziate dal suo predecessore riguardo al progetto neoliberale, favorendo l'azione del settore privato e ampliando ulteriormente la sua azione in attività che in precedenza erano state esclusive dello Stato, come consolidato nella Costituzione federale del 1988 (PAULANI, 2008).

Nell'analisi di Riscal (2006), il governo Lula non si è mai opposto alle linee guida e alle determinazioni delle idee neoliberiste e ha permesso che le politiche e i programmi pubblici fossero in linea con le regole delle agenzie internazionali, che hanno sempre agito nell'ottica di favorire il settore privato. In questo senso:

I principali programmi del governo di Luiz Inacio Lula da Silva sono conformi alle linee guida delle agenzie internazionali: il programma Università per tutti, prouni3 , che doveva scambiare esenzioni fiscali con posti in istituti privati di istruzione superiore per studenti bisognosi, ha finito per rafforzare la presenza del settore privato nell'istruzione superiore; il programma Bolsa Escola, originariamente istituito sotto Fernando Henrique Cardoso, è diventato così importante che nel 2003 il governo ha persino preso in considerazione la possibilità di sostituire un ulteriore aumento del salario minimo con un aumento di questo beneficio; il programma Bolsa Familia[45] , ha unificato una serie di altri programmi sociali in uno solo (tra cui Bolsa Escola). Questi programmi di integrazione del reddito sono stati applauditi anche dai rappresentanti della Banca Mondiale (RISCAL, 2006, p. 54-55).

Ci risulta che anche il governo Lula abbia sopravvalutato il rapporto pubblico-privato e l'abbia ulteriormente purificato approvando la Legge n. 11.079 del 2004, che stabilisce le regole generali per i partenariati e afferma, al comma unico e all'articolo 2, che:

Comma unico. La presente legge si applica agli organi dell'amministrazione pubblica diretta dei rami esecutivo e legislativo, ai fondi speciali, alle autarchie, alle fondazioni pubbliche, alle società pubbliche, alle società a capitale misto e ad altri enti controllati direttamente o indirettamente dall'Unione, dagli Stati, dal Distretto federale e dai Comuni.
Art. 2 Un partenariato pubblico-privato è un contratto di concessione amministrativa in forma sponsorizzata o amministrativa. 2° Un partenariato pubblico-privato è un contratto di concessione amministrativa in forma sponsorizzata o amministrativa.
§ 1° Concessione sponsorizzata e la concessione di servizi o lavori pubblici di cui alla legge n° 8.987, del 13 febbraio 1995 , [6]quando comporta, oltre alla tariffa applicata agli utenti, un corrispettivo in denaro da parte del partner pubblico al partner privato.
§ 2° Una concessione amministrativa è un contratto per la fornitura di servizi di cui la Pubblica Amministrazione è l'utente diretto o indiretto, anche se comporta l'esecuzione di lavori o la fornitura e l'installazione di beni.

La legge ha sostenuto pienamente i partenariati tra la sfera pubblica e il settore privato, e con questo il settore privato ha guadagnato molto di più del settore pubblico nella possibilità di benefici e capiamo che ci sono state molte più perdite per lo Stato per quanto riguarda la forma del contratto di partenariato se consideriamo i termini che la legge stessa stabilisce, come espresso nell'art. 4, linee i, ii e iii, quando dice: "Il contratto di partenariato è stato stipulato con il settore pubblico". 4, righe i, ii e iii, quando dice:

---

[4] http: //prouniportal .mec.gov .br/
[5] http://bolsafamilia.datasus.gov.br/w3c/bfa.asp
[6] Prevede il regime di concessioni e autorizzazioni per la fornitura di servizi pubblici di cui all'art. 175 della Costituzione federale e altre misure ( 03/leis/l8987cons.htm). 175 della Costituzione federale e altre misure (http://www.planalto.gov.br/ccivil 03/leis/l8987cons.htm).

i) - il valore del contratto è inferiore a R$ 20.000.000,00 (venti milioni di reais); ii) - il periodo per il quale il servizio deve essere prestato è inferiore a 5 (cinque) anni; o iii) - l'unico scopo del contratto è la fornitura di manodopera, la fornitura e l'installazione di attrezzature o l'esecuzione di lavori pubblici (BRASIL, 2004).

I vuoti lasciati dalla legge possono non solo avvantaggiare un settore piuttosto che un altro, ma anche lasciare spazio a politiche e programmi da manipolare in base a questi vuoti per soddisfare le esigenze del settore che in questo caso avrà più potere. Mettiamo in discussione, ad esempio, la questione della stipula di valori e periodi minimi per la definizione di accordi, che potrebbero dare vantaggi solo a un gruppo se ha il monopolio del servizio in questione.

La legge dovrebbe essere più chiara nel definire come gli accordi potrebbero essere stabiliti e ognuno potrebbe essere analizzato in particolare, dal momento che nel caso dell'istruzione abbiamo un Paese che è molto diverso nelle sue caratteristiche fisiche e regionali, il che rende di conseguenza impossibile definire le stesse questioni per tutti i partenariati che saranno stipulati nel settore dell'istruzione.

Un altro punto saliente del rapporto pubblico-privato nell'amministrazione Lula è stata la creazione del "Programma universitario per tutti" (ProUni)[7] creato dalla Legge n. 11.096 del 13 gennaio 2005, che istituisce il Programma e regola l'attività degli enti caritatevoli di assistenza sociale nell'ambito dell'istruzione superiore e modifica la Legge n.º 10.891 del 9 luglio 2004, che concede borse di studio parziali e complete agli studenti brasiliani presso le università private.

Da questo punto di vista, in questa azione c'è stato anche il favore di alcuni interessi privati, perché le risorse che avrebbero potuto essere utilizzate direttamente nelle università pubbliche sono state spostate a fini privati, anche in nome del pubblico. Ci chiediamo perché il presidente abbia scelto di dare priorità alla sfera privata piuttosto che a quella pubblica per ampliare il suo raggio d'azione nella formazione degli studenti dell'istruzione superiore.

Se le università pubbliche aumentassero il loro personale docente, migliorassero la loro struttura fisica, aumentassero il numero di posti per gli studenti con le risorse di questo Programma, pensiamo che la performance della sfera pubblica nell'istruzione superiore potrebbe essere migliore con un numero maggiore nella sua comunità totale e di conseguenza la qualità di questa università potrebbe essere migliore, perché è attraverso "i finanziamenti che le vere priorità (educative) si materializzano e non nei

---

[7] http://siteproiini.mec.gov.br/tire yourquestions.php#knowing

discorsi" (PERONI, 2003, p.110).

Ribadiamo che sia FIES che ProUNI, che sono già stati analizzati, sono sostenuti e hanno risorse garantite attraverso il PNE, il che dimostra una relazione intrinseca nel mantenimento di partenariati a lungo termine.

(12.20) ampliare, nell'ambito del Fondo di finanziamento degli studenti dell'istruzione superiore (Fies), di cui alla legge n. 10.260, del 12 luglio 2001, e del Programma Università per tutti (Prouni), di cui alla legge n. 11.096, del 13 gennaio 2005, i benefici finalizzati alla concessione di finanziamenti agli studenti regolarmente iscritti a corsi di istruzione superiore frontali o a distanza, con una valutazione positiva, in conformità con le norme appropriate, nei processi condotti dal Ministero dell'Istruzione (BRASIL, 2014).

A Lula è subentrata Dilma Rousseff, dello stesso partito politico, il Partito dei Lavoratori (PT), la cui amministrazione, in carica dal 2011 al 2016, ha fatto ben poco per differenziarsi dalle due precedenti in termini di partenariati pubblico-privati, e ancora una volta il settore privato ne ha beneficiato, come si evince dal testo del Piano Nazionale dell'Educazione (PNE) stabilito dalla Legge n. 13.005 del 2014, approvata durante l'amministrazione di Dilma. L'obiettivo 11, strategia 11.7, rivela che:

[...] triplicare il numero di iscrizioni all'istruzione tecnica professionale di livello secondario, garantendo la qualità dell'offerta e almeno il 50% (cinquanta per cento) dell'espansione nel settore pubblico [...].
(11,7) ampliare l'offerta di finanziamenti agli studenti per l'istruzione tecnica professionale di livello secondario offerta da istituti di istruzione superiore privati (BRASIL, 2014).

Come identificato, il PNE/2014 stabilisce che attraverso le politiche educative la sfera privata continuerà a beneficiare in termini di finanziamenti e di cattura di queste risorse da parte del governo e notiamo che il settore privato è sempre più articolato perché lo Stato incoraggia la sua partecipazione.

Anche il settore privato ha creato le proprie reti: nel 2008, Abmes, Anup, Abrafi, Anaceu e Semesp hanno creato il Forum delle entità che rappresentano l'istruzione superiore privata. E gli interessi privati nel settore dell'istruzione legati ai gruppi educativi quotati in borsa hanno fondato la propria associazione, Abraes (SENA, 2014, p.18).

Sena (2014) rivela che diversi settori della società civile hanno partecipato alla costruzione del PNE, e anche quelli del settore privato sono stati presenti nell'elaborazione di proposte e nella difesa dei loro interessi.

La scusa del discorso ufficiale per mantenere i partenariati a diversi livelli e modalità si reinventa nel discorso che è obbligo dello Stato fornire l'istruzione e che sarà in grado di farlo solo se attraverso partenariati con il settore privato, ma nel corso della storia brasiliana tali partenariati non hanno mostrato risultati significativi in termini di progresso educativo, tanto che ogni anno e ogni governo ha trasferito più fondi pubblici al settore privato e non abbiamo visto alcun miglioramento negli indici che sono uno dei principali argomenti per stabilire partenariati.

Il vecchio discorso del governo può essere rivisto nell'amministrazione di Dilma attraverso il PNE, che è stato una riforma diretta dello scenario educativo dove, sebbene la natura pubblica dell'educazione sia stata difesa con maggiori investimenti e l'espansione dei posti sia nell'educazione di base che in quella superiore e tecnica, possiamo vedere ancora una volta che i percorsi stabiliti per questa espansione pubblica, e in nome del pubblico, passano attraverso le mani del settore privato, che è direttamente o indirettamente responsabile delle azioni.

Inoltre, nell'attuale PNE, l'istruzione privata è più vittoriosa che mai, e non stiamo parlando contro l'istruzione privata in sé, perché fornirla è anche un diritto costituzionale che deve essere rispettato, ma la sua logica deve rimanere nel suo ambiente ristretto, insieme a coloro che sono d'accordo e iscrivono i loro figli in queste istituzioni.

L'educazione pubblica ha le sue peculiarità e i suoi problemi che devono essere risolti all'interno di relazioni democraticamente stabilite attraverso il progetto pedagogico politico[8] e la sua natura pubblica di essere liberamente accessibile a tutti, con la formazione di un senso critico e di studenti emancipati deve essere al di sopra delle valutazioni su larga scala che in alcune situazioni misurano solo la qualità per una logica di mercato e sosteniamo che l'educazione pubblica, in particolare, deve andare oltre gli indici valutativi anche se indicano alcuni punti di analisi.

Dilma Rousseff ha proseguito con le riforme relative agli accordi tra il settore pubblico e quello privato nell'istruzione, mantenendo un relativo favore per gli interessi di quest'ultimo, come era avvenuto nelle precedenti amministrazioni. L'allora presidente non ha completato[9] il suo secondo mandato ed è stata sostituita dal suo vicepresidente, Michel Temer.

Dal 2016, con un nuovo capo di governo al vertice, le riforme hanno continuato a stimolare le partnership tra il settore pubblico e quello privato, rafforzando l'idea che

---

[8] Secondo Libaneo (1998, s/p) il Progetto Politico Pedagogico è il documento che guida la programmazione scolastica e uno dei suoi obiettivi dovrebbe essere quello di rappresentare gli obiettivi di una gestione democratica, nonché la "partecipazione collettiva e coordinata degli insegnanti e di tutti i professionisti della scuola".

[9] Ciavatta (2017, p.7) analizza l'estromissione di Dilma Rousseff come un "golpe parlamentare, mediatico e legale ancora in corso, in tutta la sua virulenza". Frigotto (2017, p.20) ribadisce che la

senza l'iniziativa privata non sarà possibile attuare le politiche pubbliche.

Tra le misure recenti, segnaliamo il Programma di Partenariato per gli Investimenti (PPI), creato con la Legge 13.334 del 13 settembre 2016, che rafforza quanto già garantito dalla Legge 11.079/2004 (Governo Lula), ovvero le agevolazioni per i partenariati nell'ambito della pubblica amministrazione.

L'attuale Presidente della Repubblica ha difeso con veemenza la necessità di partnership con i settori più disparati, in modo molto simile al discorso di FHC alla fine degli anni '90, sebbene anche il governo del PT abbia facilitato tali partnership con ripercussioni dirette sull'istruzione.

Per quanto riguarda la Legge n. 13.334 del 13 settembre 2016, l'articolo 1 stabilisce che è

Finalizzato a espandere e rafforzare l'interazione tra lo Stato e il settore privato attraverso la firma di contratti di partenariato per l'esecuzione di progetti di infrastrutture pubbliche e altre misure di privatizzazione.

Vorremmo sottolineare che il settore privato ha i suoi interessi difesi dalla stessa sfera pubblica attraverso la legislazione, perché esistevano già leggi generali per la creazione di partenariati e il governo si sta concentrando maggiormente sulle questioni relative alle infrastrutture del Paese. Pertanto, l'attuale amministrazione proclama nei suoi discorsi che sta lavorando il più possibile per migliorare la questione dei porti e degli aeroporti e delle infrastrutture in generale e, per coincidenza, è stata approvata una legge che rafforza i partenariati in questo settore e se abbiamo una domanda pubblica di opere infrastrutturali, il settore privato avrà probabilmente molto spazio per svolgere le sue azioni con il pubblico.

Questa legge evidenzia anche i soggetti che possono partecipare al PPI, definiti come settori che necessitano di assistenza privata. Essi sono

a rimozione dell'ex presidente il 31 agosto 2016 è stato un golpe ancora più profondo di quello instaurato nel 1964 con la dittatura militare in Brasile perché "l'attuale golpe in Brasile ripropone, con nuove sottigliezze, le strategie passate della classe dominante brasiliana per interrompere due conquiste, seppur parziali, di movimenti sociali, sindacati, istituzioni scientifiche e culturali storicamente impegnati nella lotta per una società più giusta: la Costituzione del 1988 e l'elezione, nel 2002, dell'ex operaio Luiz Inacio Lula da Silva".

I           - progetti di infrastrutture pubbliche in corso di realizzazione o da realizzare attraverso contratti di partenariato sottoscritti dalla pubblica amministrazione diretta e indiretta dell'Unione;

II           - progetti di infrastrutture pubbliche che, per delega o con il sostegno dell'Unione, sono realizzati mediante contratti di partenariato stipulati dall'amministrazione pubblica diretta o indiretta degli Stati, del Distretto federale o dei Comuni; e

III                    - le altre misure del Programma Nazionale di Privatizzazione di cui alla Legge 9.491 del 9 settembre 19979.

Possiamo vedere che c'è un favoritismo diretto per il settore privato per operare e ci chiediamo ancora una volta perché il governo non crea strategie per espandere gli enti pubblici e di conseguenza il numero di dipendenti statali? La prima opzione del governo è quella di trasferire le proprie responsabilità e risorse al settore privato, anche in nome del settore pubblico.

In questo modo, possiamo affermare che le riforme che hanno avuto luogo nello Stato brasiliano negli ultimi 30 anni hanno dimostrato che il discorso ufficiale sostiene che il settore privato si impadronisce sempre più dei servizi pubblici e inserisce la sua logica di mercato, anche nelle scuole pubbliche, quando ha stabilito il sistema di *classifiche* e dispute tipico del mondo del lavoro, che non dovrebbe a *priori* essere instillato nel processo di formazione perché in nessun caso gli studenti dovrebbero essere paragonati a macchine che daranno risultati soddisfacenti se seguiranno i manuali di istruzione attraverso pacchetti già pronti con soluzioni educative, come alcuni sostenitori dei partenariati pubblico-privati vendono.

Alla luce di quanto detto, riteniamo che i cambiamenti intenzionalmente apportati al modello di gestione pubblica rendano evidente l'influenza del settore privato o del cosiddetto terzo settore sul panorama politico, in grado di interferire nelle decisioni politiche e amministrative e di agire come induttore delle politiche pubbliche.

Questi cambiamenti sono identificati nella riforma amministrativa che ha avuto luogo durante l'amministrazione FHC dal 1995 al 2002. La riforma ha dato al servizio pubblico un nuovo modo di lavorare, con un'attenzione particolare alla gestione manageriale, che è proseguita nelle amministrazioni successive, come il governo Lula dal 2003 al 2010, il governo di Dilma Rousseff (2011-2016) ed è ora evidente nell'amministrazione di Michel Temer (2016-oggi).

# 5 LE RISORSE PER RAFFORZARE I LEGAMI TRA IL SETTORE PUBBLICO E QUELLO PRIVATO

Come è già stato sottolineato, dopo la riapertura della democrazia in Brasile, lo Stato ha rafforzato negli anni, indipendentemente dal governo al potere, la necessità di ricorrere a entità non statali per la gestione di alcuni settori. Il discorso ufficiale è raffinato per convincere tutti che la privatizzazione dell'istruzione è l'unico modo per ottenere risultati soddisfacenti e che i partenariati pubblico-privato sono il ponte per arrivarci.

Petras (1996) afferma che i partenariati tra il settore privato e lo Stato eliminano le responsabilità che prima erano appannaggio esclusivo dello Stato, che diventa subordinato agli interessi privati, riducendo le sue dimensioni, con il settore privato o non statale che diventa un nuovo protagonista delle politiche pubbliche in ambito sociale, economico, scientifico, ecc;

sono organizzazioni o forme di controllo "pubbliche" perché mirano all'interesse generale; sono "non statali" perché non fanno parte dell'apparato statale, o perché non utilizzano funzionari pubblici o perché non coincidono con gli agenti politici tradizionali (BRESSER-PEREIRA e GRAU, 1999, p. 16).

Il pubblico non statale maschera il vecchio modo di trasferire la responsabilità dello Stato a entità che non fanno parte del suo apparato, ma sono gestite da privati per scopi privati, non essendo parte dell'azione dello Stato. Se prima si parlava di trasferimento all'iniziativa privata, ora la stessa situazione si sta verificando con un make-up pubblico non statale perché il mercato è abile nelle sue nomenclature che si reinventano a seconda dell'obiettivo e della congiuntura.

Abbiamo visto che le nuove denominazioni rafforzano la prospettiva di sottrarre gli obblighi allo Stato e di delegarli a gruppi privati, siano essi a scopo di lucro o meno, perché non appena non sono pubblici, i desideri di una minoranza si sovrappongono a quelli della maggioranza, il che minimizza la loro natura pubblica fino a esaurirla.

Le parole hanno il dono di convincere ciò che a volte sembra ovvio, e in questo gioco inebriante in cui i media sono al servizio dello Stato, contribuiscono a diffondere e convincere coloro che non hanno gli strumenti per discernere ciò che può causare conseguenze negative per la maggioranza, che finiscono per credere solo a ciò che viene trasmesso, come i nuovi soggetti del settore pubblico che pretendono di lavorare con lo Stato per migliorare la vita della maggioranza della popolazione, ma che hanno interessi privati.

Così, questi nuovi soggetti assumono il ruolo dello Stato o del primo settore, come viene chiamato nel mondo economico, trasferendo alcune responsabilità al terzo settore. A questo proposito, Morales (1998) rivela che:

Esistono tre modi per "organizzare la fornitura di servizi e attività che comportano significative esternalità positive e garantiscono i diritti sociali" (p. 16). 16) che si dividono in: 1° Settore, che sarebbe lo Stato (pubblico); 2° Settore, che sarebbe il Mercato (privato) e; 3° Settore, che non sarebbe né statale né di mercato e che nella sua analisi concorda con il termine "Pubblico non statale" descritto da Luiz Carlos Bresser Pereira in cui questo settore sarebbe "costituito da organizzazioni pubbliche non statali - NPO, caratterizzate quindi dal fatto che la forza trainante delle loro azioni è l'interesse pubblico, e non statali perché non fanno parte dell'apparato statale" (p. 126) e solo per differenziazione assume il significato di "pubblico". 126) e solo per differenziazione assume il termine "non statali" perché non fanno parte dell'apparato statale (p. 126) e solo per differenziazione assume il termine "non statali" perché non fanno parte dell'apparato statale (p. 126). 126) e solo per differenziazione utilizza il termine "Terzo Settore" (MORALES, 1998 *apud* VALE, 2017, p, 63).

Oggettivamente, il settore pubblico non statale o Terzo Settore sta assumendo, per legge, responsabilità statali e collabora alla riduzione del grado di interferenza dello Stato nel mercato, nonché all'aumento della governance, trasformando l'amministrazione pubblica da burocratica a manageriale. Questo movimento riduce e divide le responsabilità che un tempo erano appannaggio esclusivo dello Stato, ma che ora sono condivise con altre entità pubbliche non statali. Ciò aumenta la governabilità. Bresser-Pereira (1997) spiega che:

**La governabilità** nei regimi democratici dipende da (a) l'**adeguatezza delle istituzioni politiche in grado di mediare gli interessi all'interno dello Stato e della società civile**; (b) l'esistenza di meccanismi di *responsabilità* per i politici e i burocrati nei confronti della società; (c) la capacità della società di limitare le proprie richieste e del governo di soddisfare quelle richieste che alla fine vengono mantenute; e, soprattutto, (d) l'esistenza di un contratto sociale di base. È questo accordo sociale di base, il contratto sociale hobbesiano, che garantisce alle società vendicate legittimità e governabilità (BRESSER-PEREIRA, 1997, p. 46; corsivo dell'autore).

Analizzando l'estratto di Bresser-Pereira (1997), comprendiamo che il concetto di contratto sociale di Hobbes ha un legame teorico concettuale con la riforma dello Stato brasiliano, poiché nell'opera classica di Hobbes (2014), il "Leviatano", il riferimento dello Stato assolutista, nel contesto dell'Inghilterra del XVI e XVII secolo, mantiene l'uomo in un "atteggiamento di rispetto", costringendolo ad avere un atteggiamento di paura della punizione quando infrange le regole imposte.

Pertanto, quando l'uomo vive in società, sarà tenuto a rispettare il patto che ha sottoscritto, senza il quale non sarà possibile vivere insieme senza guerre. Ma, come afferma Hobbes (2014, p. 138), "senza la spada, i patti non sono altro che parole senza forza [...]". Di norma, lo Stato assolutista non è in grado di promuovere e garantire la sicurezza e una vita più felice per l'uomo senza la forza. Lo Stato repubblicano, invece, ha come principio la vita in società, come intesa da Hobbes (2014), nel qual caso lo Stato mira a garantire i diritti attraverso una Costituzione che renda chiari i patti di convivenza che promuovono la sicurezza, i diritti e i doveri di tutti i cittadini.

Tuttavia, ovviamente, il fatto che siano stati stabiliti dei patti o delle "leggi" non garantisce la sicurezza di tutti, poiché alcuni cittadini con potere economico e politico possono trarre vantaggio nella misura in cui riescono a costruire dei meccanismi per rendere queste leggi più flessibili, come nel caso, ad esempio, dell'immunità parlamentare[10] .

Questa nuova configurazione dello Stato ha incorporato elementi manageriali provenienti dal settore privato, rafforzando l'idea che il settore pubblico non abbia un'amministrazione efficiente o competente. Questa configurazione manageriale dello Stato, come questione strutturale, si è estesa alle scuole, che hanno anch'esse adottato un'amministrazione pubblica manageriale, come afferma Santos (2012, p. 20), secondo cui "[...] il modello manageriale enfatizza la pianificazione strategica, l'interesse per i risultati misurati da un sistema di valutazioni attraverso esami esterni su larga scala".

L'istruzione, in questo scenario, rivela che, per avere successo, la scuola deve essere riflessa in dati quantitativi ufficiali attraverso indici stabiliti a livello nazionale, come l'Indice di Sviluppo dell'Istruzione di Base (IDEB)[11] , tra gli altri strumenti di valutazione. Ciò avverrebbe solo a partire dalla logica mercantile della "qualità", come forma di investimento adeguato e di successo.

La natura pubblica dell'istruzione inizia a subire cambiamenti attraverso partenariati pubblico-privati in nome di un cambiamento dello scenario sfavorevole degli indici che all'epoca erano l'unica indicazione di qualità e sembra che questo

---

[10] L'immunità garantita dall'art. 53 della Costituzione impedisce principalmente ai parlamentari di
sono indeboliti di fronte all'esecutivo e alla magistratura e vengono perseguiti o processati per le loro posizioni ideologiche      .
em:<https://www 12. senado.leg.br/noticias/materias/2010/11/19/imunidade -parlamentar-da-liberdade-
de- expressoo-ao-impedimento-de-ser-preso>.
[11] "Ideb" è stato creato nel 2007 e riunisce, in un unico indicatore, i risultati di due concetti ugualmente importanti per la qualità dell'istruzione: il flusso scolastico e il rendimento medio nelle valutazioni. È calcolato in base ai dati sull'approvazione delle scuole, ottenuti dal Censimento scolastico, e al rendimento medio nelle valutazioni dell'Inep, il Sistema di valutazione dell'istruzione di base (Saeb) - per le unità federali e il Paese - e Prova Brasil - per i Comuni" (http://portal.inep.gov.br/ideb).

discorso venga difeso ancora oggi, dato che i partenariati vengono ancora implementati sulla base dell'argomentazione che la qualità è sinonimo di indici elevati.

La proposta neoliberale per il Brasile, con il cambiamento del ruolo dello Stato e del settore privato, ha assunto il suo ruolo in settori sociali come quello dell'istruzione, presentando cambiamenti nella sua organizzazione che dovrebbe seguire la logica di un'azienda con il dirigente scolastico che si fa carico degli obiettivi da raggiungere e si concentra sull'aumento degli indici accademici che, dal punto di vista del discorso ufficiale, sarebbero sinonimo di qualità[12].

L'idea dell'inefficienza dello Stato, sostenuta dalla proposta neoliberista[13] di ridurne le dimensioni, fornisce la base per giustificare l'introduzione di organizzazioni non governative che si assumono le responsabilità dello Stato, in questo caso dell'istruzione, trasferendo a queste entità responsabilità che in precedenza erano appannaggio esclusivo dello Stato.

La riforma dello Stato avvenuta negli anni '90 ha incorporato anche nuovi soggetti per l'attuazione delle politiche pubbliche, in linea con le richieste imposte dalle organizzazioni internazionali. In questo caso, questi nuovi soggetti fanno parte di aziende del terzo settore travestite da organizzazioni non statali che sono ora incorporate nella scena politica come induttori di politiche pubbliche, ora in modo dichiarato e supportato da dettami legali.

In questo scenario, sono emersi i partenariati pubblico-privati, che "sono contratti o accordi firmati tra le autorità pubbliche e il settore privato o la società civile per svolgere determinati lavori nell'interesse comune" (SANTOS, 2012, pag. 104), dove il settore privato potrebbe aiutare il settore pubblico con servizi essenziali per la popolazione, tra cui l'istruzione, "con la giustificazione che il mercato privato è un parametro di qualità ed efficienza" (PERONI, 2010, p. 1-2), dove le sue strategie gestionali con obiettivi da raggiungere potrebbero avere un effetto sugli indici quantitativi analizzati da valutazioni su larga scala, come la "Provinha Brasil[14]", ad

---

[12] In questo testo , riprendiamo il significato di qualità da Gomes (2016), che nel suo studio riporta che la qualità nelle politiche educative pubbliche si basa su una prospettiva di mercato e "attraverso questa logica, la qualità possibile è limitata alla qualità indicativa, ottenuta solo attraverso indici statistici - in cui l'ideb è la sua rappresentazione legale - a scapito della qualità da una prospettiva di totalità, qui chiamata qualità qualitativa" (p.267).
[13] Il neoliberismo è un "progetto di classe emerso nella crisi degli anni Settanta. Mascherato da una retorica di libertà individuale, autonomia, responsabilità personale e dalle virtù della privatizzazione, del libero mercato e del libero scambio, ha legittimato politiche draconiane per ripristinare e consolidare il potere della classe capitalista" (HARVEY, 2011, p. 16).
[14] http://portal.inep.gov.br/provinha-brasil

esempio.

Con l'implementazione del modello di gestione manageriale, si è assistito a una nuova configurazione del rapporto dello Stato con la società e un insieme di norme, leggi e linee guida ha iniziato a regolare il funzionamento dei settori in cui gli agenti privati forniscono servizi di pubblica utilità, in stretta conformità con le linee guida provenienti dalle organizzazioni internazionali, come già detto. Questa configurazione è stata perfezionata attraverso le riforme statali, che hanno assunto maggiore rilievo a partire dagli anni Novanta.

In questo nuovo modo di gestire la cosa pubblica, il terzo settore svolge un ruolo fondamentale nella pianificazione e nell'esecuzione dei compiti a fianco dello Stato, che ha visto ampliata la sua partecipazione attraverso un quadro giuridico di norme che si è affinato negli anni per facilitarne l'azione.

## 6 IL TERZO SETTORE NELLA SFERA PUBBLICA: IL PROCESSO DI LEGALIZZAZIONE

Secondo Montano (2010, p. 57), il termine "Terzo settore" ha molti significati, di cui l'autore ribadisce che "rappresenta una costruzione ideologica", ma che non è "riducibile alla società civile e riunisce vari soggetti con apparente uguaglianza nelle loro attività, ma con interessi, sfere e significati sociali diversi, contrari e contraddittori". Prosegue affermando che

Così, il termine "terzo settore" non ha il minimo consenso sulla sua origine, sulla sua composizione e sulle sue caratteristiche. Tale dissenso è chiara espressione di un concetto ideologico che non nasce dalla realtà sociale, ma ha come punti di partenza elementi formali e un'apprensione della realtà solo a livello fenomenico. Senza la realtà come interlocutore, come riferimento, ci ritroviamo con concetti diversi (MONTANO, 2010, p. 59).

Sempre secondo l'autore, questo cosiddetto "Terzo Settore" funziona come un "canto di sirena" che inebria i naviganti della prima ora con la sua bella canzone di servire il pubblico senza interessi mercantili privati e di ricevere risorse dallo Stato, ad esempio nei partenariati per l'istruzione, il che ci porta a capire che fin dall'inizio le istituzioni del Terzo Settore hanno già un piano di proprio beneficio che viene mascherato nel discorso illusorio di lavorare in settori dove lo Stato ha bisogno di aiuto e questo perché

L'uso del termine "terzo settore" sposta così l'attenzione degli ignari sulle azioni sociali solidali sviluppate volontariamente all'interno della società civile... un vero e proprio "canto delle sirene", anche alle orecchie di chi mira onestamente all'uguaglianza e alla giustizia sociale" (p.34).

Possiamo notare che il Terzo Settore è emerso come una sorta di salvatore della patria, accompagnato da una legislazione che ne sostiene l'azione a fianco dello Stato, ma raccoglie fondi dal pubblico per lavorare con questo pubblico, anche se è composto da individui che spesso non possono essere definiti al servizio della sfera pubblica o privata.

Nelle reti di accordi tra pubblico e privato, cambiano la terminologia e i soggetti, ma si perpetua l'essenza di minimizzare l'azione dello Stato e di trasferirla ad altre istituzioni con interessi privati, come nel caso del Terzo Settore, che si dichiara senza scopo di lucro, ma non agisce senza finanziamenti statali, come nel caso dell'istruzione, e introduce comunque le sue ideologie nella sfera pubblica. Tutto questo avviene con il supporto del discorso che stanno collaborando per migliorare l'istruzione nel Paese, ma si tratta di "un'azione sociale "gentile" pagata dal settore pubblico attraverso partnership pubblico-privato!" (VALE, 2017, p. 64).

È interessante notare che il significato della terminologia esprime il senso ideologico che essa acquisisce abilitando e oscurando la realtà, facendo credere che questo settore sia rappresentativo di tutte le organizzazioni non governative e/o dei movimenti sociali, il che non è vero. Corroborando Montano (2014), capiamo che Bresser-Pereira ha strategicamente chiamato "pubblicizzazione" il trasferimento di responsabilità dallo Stato al mercato attraverso l'organizzazione sociale del cosiddetto "terzo settore". Contrariamente all'apparente pubblicizzazione predicata, sosteniamo che in realtà si trattava di un processo di privatizzazione, poiché trasferiva al terzo settore le responsabilità dello Stato, che non dovrebbero essere trasferite.

A questo proposito, possiamo citare, ad esempio, i vantaggi del settore privato tutelati dalla Costituzione federale del 1988, nel suo articolo 175, che ha pericolosamente creato un precedente per l'ingresso del settore privato, permettendogli di gestire e offrire efficacemente servizi che prima erano esclusivi dello Stato. Il testo giuridico a cui si fa riferimento dice: "consente al potere pubblico di aprire concessioni a imprese per la fornitura di servizi pubblici, nella forma della legge", questa apertura legale per le concessioni è stata regolata dalla Legge n. 8.987, del 13 febbraio 1995, già in pieno governo FHC.

Abbiamo riscontrato che la continuità di questa pratica, così come il miglioramento di questa logica, è stata perpetuata dal governo Lula, dal momento che la legge 11.079 del 30 dicembre 2004, tuttora in vigore, stabilisce le regole generali per le gare d'appalto e i contratti di partenariato pubblico-privato nell'ambito della pubblica amministrazione.

Perché si tratta di una situazione win-win per il settore privato, perché nel momento in cui l'azienda fa circolare il suo marchio, i suoi prodotti, i suoi servizi e collega la sua attività produttiva o il suo servizio alla comunità, attira più consumatori (SOUZA, 2013). L'autore sottolinea inoltre che i vantaggi delle azioni di "responsabilità sociale" possono far sì che un'azienda migliori la propria immagine rispetto ai suoi concorrenti.

Il Terzo Settore è stato rafforzato dalla Legge n. 13.019 del 31 luglio 2014, che

Stabilisce il quadro giuridico per i partenariati tra la pubblica amministrazione e le organizzazioni della società civile, in un sistema di cooperazione reciproca, per il raggiungimento di scopi di interesse pubblico e reciproco, attraverso la realizzazione di attività o progetti precedentemente stabiliti in piani di lavoro inseriti in termini di collaborazione, in termini di affidamento o in accordi di cooperazione; definisce le linee guida per la politica di affidamento, collaborazione e cooperazione con le organizzazioni della società civile; e modifica le leggi n. 8.429, del 2 giugno 1992, e 9.790, del 23 marzo 1999 (modificata dalla legge n. 13.204, del 2015).

Come già detto, il Terzo Settore ha una serie di leggi che favoriscono il suo lavoro con il pubblico e la Legge n. 13.019, del 31 luglio 2014, che è stata modificata dalla Legge n. 13.204, del 2015, riduce la possibile burocrazia del suo lavoro con il pubblico.

A proposito di questa legge Grazziolli (2016) afferma che essa

È arrivata nel nostro ordinamento giuridico in un momento opportuno, regolando il trasferimento di fondi pubblici alle Organizzazioni della Società Civile o, in altre parole, il regime giuridico per i partenariati tra la pubblica amministrazione e le organizzazioni private senza scopo di lucro. Ciò non significa, tuttavia, che la legge non sia importante. Al contrario, la sua importanza è massima, perché con l'innovazione di nuovi strumenti di gestione, controllo e amministrazione, cerca di fornire nuove regole per il finanziamento pubblico di entità private della società civile organizzata (SP).

Questo è un altro segno del fatto che la legislazione brasiliana sta sfumando sempre più i confini tra pubblico e privato, tanto che tende a diventare sempre più difficile identificare i ruoli reali di ciascun settore all'interno degli accordi stabiliti.

La tabella seguente mostra come in Brasile, indipendentemente dal governo, il quadro giuridico sia perfezionato per consentire la stipula di partenariati pubblico-privati.

Tabella 1: Legislazione a livello federale che favorisce i partenariati pubblico-privato

| Legislazione | Descrizione |
|---|---|
| Legge n. 8.666 del 21 giugno 1993 | Regolamenta l'art. 37, punto XXI, della Costituzione federale, stabilisce le regole per le offerte e i contratti della pubblica amministrazione e altre misure. |
| Legge n. 8.987 del 13 febbraio 1995. | Prevede il regime di concessioni e autorizzazioni per la fornitura di servizi pubblici di cui all'art. 175 del Codice Civile. 175 del Costituzione federale e altri |
| Legge n. 9.790 del 23 marzo 1999 | Prevede la qualificazione di organizzazioni senza scopo di lucro di diritto privato come Organizzazioni delle Nazioni Unite. Società civile di interesse pubblico, istituisce e disciplina l'Accordo di partenariato e adotta altre disposizioni. |

| | |
|---|---|
| Decreto n. 3.100 del 30 giugno 1999 | Regola la Legge n. 9.790, del 23 marzo 1999, che prevede la qualificazione delle persone giuridiche senza scopo di lucro di diritto privato come Organizzazioni della Società Civile di Interesse Pubblico, stabilisce e regolamenta la durata del partenariato e fornisce altre disposizioni. |
| | misure |
| Legge sulla responsabilità fiscale - Legge complementare 101/200 | Anche la regolamentazione dell'emendamento costituzionale n. 19 e la limitazione della spesa per il personale al 60% del bilancio pubblico giocano un ruolo significativo nella capacità dello Stato di stringere partnership. |
| Legge n. 10.520 del 17 luglio 2002. | Istituisce, nell'ambito dell'Unione, degli Stati, del Distretto Federale e dei Comuni, ai sensi dell'art. 37, punto XXI, della Costituzione federale, una modalità di gara. 37, punto XXI, della Costituzione Federale, una modalità di offerta per l'acquisizione di beni e servizi comuni e prevede altre disposizioni. |
| Legge n. 11.079 del 30 dicembre 2004. | Stabilisce le regole generali per le gare d'appalto e i contratti di partenariato pubblico-privato negli Stati Uniti. |
| | amministrazione pubblica |
| Decreto federale n. 5.977 del 1° dicembre 2006. | Regola l'art. 3, caput e § 1, della Legge n. 11.079, del 30 dicembre 2004, che prevede l'applicazione, ai partenariati pubblico-privati, dell'art. 21 della Legge n. 8.987, del 13 febbraio 1995, e dell'art. 21 della Legge n. 8.987, del 13 febbraio 1995, e dell'art. 31 della Legge n. 9.0.0. 31 della Legge n. 9.074, del 7 luglio 1995, per la presentazione di progetti, studi, indagini o investigazioni da utilizzare nella modellazione di partenariati pubblico-privati nell'ambito dell'amministrazione pubblica federale, e altre misure. |

33

| Legge n. 13.019, del 31 luglio 2014. | Stabilisce il quadro giuridico per i partenariati volontari, che coinvolgano o meno trasferimenti di risorse finanziarie, tra la pubblica amministrazione e le organizzazioni della società civile, in un sistema di reciproca collaborazione, per il raggiungimento di finalità di interesse pubblico; definisce le linee guida per la politica di promozione e collaborazione con le organizzazioni della società civile. organizzazioni della società civile; istituisce il termine di collaborazione e il termine di promozione; modifica le leggi 8.429 del 2 giugno 1992 e 9.790 del 23 marzo 1999. |
|---|---|
| Legge n. 13.204 del 14 dicembre 2015 | Modifica la Legge n.° 13.019, del 31 luglio 2014, "che stabilisce il quadro giuridico per i partenariati volontari, che comportino o meno il trasferimento di risorse finanziarie, tra la pubblica amministrazione e le organizzazioni della società civile, in un sistema di reciproca collaborazione, per il raggiungimento di finalità di interesse pubblico; definisce le linee guida per la politica di promozione e collaborazione con le organizzazioni della società civile". organizzazioni della società civile; istituisce il termine di collaborazione e il termine di fomentazione; e modifica le leggi n. 8.429 del 2 giugno 1992 e 9.790 del 23 marzo 1999"; modifica le leggi n. 8.429 del 2 giugno 1992, 9.790 del 23 marzo 1999, 9.249 del 26 dicembre 1995, 9.532 del 10 dicembre 1997, 12.101 del 27 novembre 1997.429 del 2 giugno 1992, 9.790 del 23 marzo 1999, 9.249 del 26 dicembre 1995, 9.532 del 10 dicembre 1997, 12.101 del 27 novembre 2009 e 8.666 del 21 giugno 1993; e abroga la legge n° 91 del 28 agosto 1935. |
| Legge 13.334 del 13 settembre 2016. | Crea il Programma di Partenariato per gli Investimenti - PPI; modifica la Legge n. |
| | 10.683, del 28 maggio 2003, e altre disposizioni. |

Fonte: Preparato dagli autori

La legislazione riportata nella Tabella 1 rivela il quadro giuridico dettagliato che è stato costruito per rendere praticabile la questione affrontata in questo articolo, dove il perfezionamento delle leggi nel corso degli anni è deliberato al fine di sostenere il discorso ufficiale sulla necessità di partenariati pubblico-privati.

Ci rendiamo conto che la Costituzione federale, che è stata la pietra miliare nella divisione della società brasiliana con nuove speranze dopo anni di regime dittatoriale, è stata deconfigurata da Emendamenti costituzionali e da leggi che alterano molti dei suoi articoli definiti collettivamente, come la Legge n. 8.666 del 21 giugno 1993 e la Legge n. 8.987 del 13 febbraio 1995.

L'idea alla base di queste modifiche, per quanto riguarda l'oggetto di questo testo, era quella di rendere più facile per il settore privato agire all'interno del settore pubblico, perché la Costituzione federale richiedeva ancora dettagli sul funzionamento delle partnership. Modificando qualcosa che era già previsto dalla Costituzione, gli interessi del settore privato sarebbero stati ancora più tutelati.

La legge n. 9.790, del 23 marzo 1999, si distingue per l'ampliamento della possibilità che i singoli soggetti, dopo aver soddisfatto alcuni criteri, tra cui la semplice dichiarazione di non fornire servizi a scopo di lucro, possano automaticamente lavorare con lo Stato sotto forma di partnership. Ciò che prima richiedeva che un'azienda partecipasse a gare d'appalto, ora passa alla sfera individuale (privata), che a nostro avviso è anche il settore privato che agisce nella sfera pubblica.

All'art. 1 di questa legge, il § 1 si caratterizza come ente senza scopo di lucro. L'art. 1 di questa legge, § 1° è caratterizzato come no-profit.

un'entità giuridica di diritto privato che non distribuisce avanzi di gestione lordi o netti, dividendi, bonus, partecipazioni o porzioni del proprio patrimonio, conseguiti attraverso l'esercizio delle proprie attività, tra i propri soci o associati, amministratori, dirigenti, dipendenti o donatori, e che li destina interamente al perseguimento del proprio scopo sociale.

Tuttavia, gli OSCIP garantiti da questa legge possono raccogliere fondi pubblici stipulando partnership con lo Stato, il che porta alla de-statizzazione e aumenta il potere del settore privato nei confronti di quello pubblico.

La legge n. 10.520, del 17 luglio 2002, ha proposto il metodo dell'offerta pubblica per i partenariati in cui "l'offerta pubblica può essere effettuata attraverso l'uso di risorse informatiche", che all'epoca era uno dei settori in più rapida crescita e di conseguenza con la maggiore circolazione di risorse e investimenti pubblici. Possiamo notare che le leggi sulle partnership seguono casualmente la direzione del mercato, che definisce i campi di attività migliori o più redditizi, come nel caso di questa legge.

Andando un po' più in là, abbiamo la Legge n. 11.079, del 30 dicembre 2004, che fino ad allora incoronava tutte le forme di partnership nella sfera pubblica, ma che è stata ulteriormente perfezionata dal Decreto Federale n. 5.977 del 1° dicembre 2006.

La legge n. 13.019 del 31 luglio 2014, modificata dalla legge n. 13.204 del 14 dicembre 2015, definisce nel dettaglio le entità che possono collaborare con lo Stato, già previste dalla legge n. 11.079 del 30 dicembre 2004. Il dettaglio di questa legge del 2015 è quello di svelare cosa si intende per organizzazioni della società civile, in modo da non lasciare dubbi sul fatto che qualsiasi tipo di organizzazione possa e debba entrare in partnership con lo Stato.

L'articolo 2 definisce le entità della società civile come entità private senza scopo di lucro, società cooperative come previsto dalla legge° 9.867, del 10 novembre 1999, e organizzazioni religiose che si dedicano ad attività o progetti di interesse pubblico e di natura sociale diversi da quelli destinati a scopi esclusivamente religiosi;

In nome del pubblico, tutte le forme organizzative sono chiamate a stipulare partenariati pubblico-privati, a beneficio dei più diversi interessi privati e/o privatistici. In questa legge, il Terzo Settore vede affinato il suo quadro di riferimento, consentendo accordi diretti con la sfera pubblica.

Più recentemente, la legge n. 13.334 del 13 settembre 2016 riprende o ripete la farsa di istituire una legge per favorire l'iniziativa privata ad agire in settori strategici per il mercato, come i progetti di infrastrutture pubbliche.

Proprio quando si pensa che la legislazione sui partenariati sia chiusa, essa si reinventa e riesce a essere perfezionata fino a descrivere il maggior numero possibile di possibilità di collaborazione tra pubblico e privato. Le forme di privatizzazione sono le più varie possibili attraverso questo quadro di partnership pubblico-privato.

Questo scenario fornisce un supporto per rafforzare la comprensione degli eventi e dei cambiamenti nel panorama socio-economico, perché i cambiamenti si verificano per dare un fulcro al gruppo che detiene il potere economico e politico nel Paese e che desidera mantenere lo *status quo*.

Abbiamo sottolineato il cambiamento di scenario nella formulazione delle politiche pubbliche e dell'apparato giuridico per rispondere alla logica privatista, a partire dal governo FHC e poi dal governo Lula, così come dal governo Dilma Rousseff e, più recentemente, dall'amministrazione di Michel Temer.

Indipendentemente da chi è al potere e dal partito politico a cui è affiliato, il settore privato ha accesso alla gestione di settori che in precedenza erano di esclusiva competenza dello Stato e questo si può notare nelle normative sui rapporti tra pubblico e privato, in particolare nella legislazione da Bresser in poi che fornisce supporto.

Possiamo notare che la continuità degli orientamenti iniziati con la riforma del 1995 si è concretizzata anche nei cosiddetti governi di sinistra, sia in quello di Lula fino al suo ultimo mandato, sia in quello di Dilma Rousseff, dove questi rapporti disciplinati dalle leggi citate rimangono in vigore e continuano a rafforzarsi. Quindi, visti i cambiamenti, come possiamo identificare la natura pubblica dell'educazione?

Sarà quindi necessario comprendere le diverse concezioni che esistono tra le categorie di "pubblico" e "privato", che a volte sono più o meno vicine, ma mantengono la prospettiva di essere in qualche modo interconnesse, poiché il pubblico rappresentato dallo Stato è sempre stato permeato da interessi privati.

Questi legami tra pubblico e privato si basano su principi e concetti che si fondano su visioni del mondo, della società, dell'educazione e dell'uomo, dove l'economia influenza direttamente questi fondamenti perché nella società capitalista tutte le strategie si basano sull'economia.

Da questo punto di vista, cerchiamo di mostrare come la natura pubblica dell'istruzione pubblica, che oggi è al centro di questo lavoro, sia andata persa dopo tante influenze da parte di organizzazioni internazionali e del mercato attraverso partnership pubblico-private.

# 7 CONSIDERAZIONI FINALI

Da quanto analizzato, possiamo notare che la natura pubblica dell'educazione qui difesa ha subito dei cambiamenti e ha perso l'essenza del pubblico come diritto, come risultato dei partenariati pubblico-privati istituiti in Brasile dalla riforma dell'apparato statale, specialmente nell'educazione, negli ultimi 30 anni.

Come spiegato nel corso del testo, i termini pubblico e privato sono oggetto di discussione da parte di diversi autori, in cui alcuni definiscono questi termini come antonimi, rappresentandoli come agenti opposti, e altri garantiscono che sono essenzialmente la stessa cosa e che questi termini hanno acquisito significati diversi dall'epoca moderna per servire come argomenti e strategie per garantire le fondamenta del capitalismo.

Così, queste basi arrivano ad avere un impatto diretto sull'educazione, attraverso partnership pubblico-private, e ci rendiamo conto che ciò che era pubblico perde la sua essenza nelle lotte per l'acquisizione del potere, in un gioco perverso di chi ha gli "strumenti migliori", cioè l'accesso politico ed economico che inizia a imprimere ideologie per il mantenimento dello *status quo* difeso dal settore privato ora vestito come un falso agente chiamato "pubblico non statale".

Questo agente combatte strategicamente per un progetto di società che deriva dalle regole del capitale, con la giustificazione della competenza e dell'efficienza per risolvere i problemi nelle aree sociali, specialmente nell'educazione, e ottiene un rinforzo nella sua difesa dal discorso ufficiale.

Lo studio mostra che il settore pubblico non statale, o Terzo Settore, è stato costretto dalla legge ad assumere responsabilità statali e a collaborare per ridurre il grado di interferenza dello Stato nel mercato, oltre che per aumentare la governance. Ciò ha reso l'amministrazione pubblica più manageriale, riducendo e dividendo le responsabilità che un tempo erano esclusive dello Stato e che ora sono condivise con altri enti pubblici non statali. Ciò rende molto più possibile per il settore privato, che vuole principalmente fare profitto, beneficiare di questa apertura come un modo per fare soldi, senza che il ritorno sia tangibile per la maggior parte della popolazione, soprattutto per coloro che hanno bisogno, ad esempio, dei servizi concessi alle aziende private.

Lo Stato moderno che abbiamo conosciuto fin dalla sua formazione è permeato dagli interessi di gruppi privati che utilizzano questa forma di organizzazione per affermare i propri diritti ed espandere il proprio campo di dominio, come diceva Karl Marx.

Lo Stato brasiliano, a sua volta, attraverso la Costituzione federale, conserva ancora dei residui di liberalismo, che non si oppone alla proprietà privata e il mercato sarebbe sufficiente a mantenere il progresso sociale e lo Stato con un'azione minima. Questi residui possono essere visti nell'apertura dell'iniziativa privata alla sfera pubblica, ed è nella Costituzione federale che il settore privato ha le sue basi nella modernità brasiliana, che si è espansa nel corso degli anni attraverso le riforme.

Dal 1995, i partenariati pubblico-privato sono stati difesi dallo Stato come l'unico modo per ottenere risultati, nella convinzione che il settore pubblico non abbia le stesse competenze del settore privato nella gestione dei settori sociali, compresa l'istruzione.

La natura pubblica dell'educazione, che mira a formare il soggetto in un processo continuo, rispettando le differenze e i ritmi degli studenti in un ambiente plurale con valutazione qualitativa e procedurale, sta perdendo la sua essenza e sta cedendo il passo all'azione di soggetti che fissano scadenze per l'apprendimento come se avessero a che fare con macchine.

Lo Stato si nasconde dalle sue responsabilità e per vari motivi vende l'idea che il settore privato possa gestirlo in modo efficiente, così passa le risorse a questo settore e si sottrae al suo lavoro, avvantaggiando persone che possono essere più impegnate nel profitto che nel processo educativo.

L'istruzione pubblica sta scomparendo perché cessa di dare priorità al suo scopo formativo e si affida invece ai risultati di valutazioni su larga scala come unico ed esclusivo parametro di qualità. Questo parametro viene utilizzato nel mondo delle imprese e trapiantato sulla scena educativa, svuotandola del suo carattere pubblico.

Contestiamo il fatto che le riforme e la legislazione in materia di partenariato pubblico-privato siano molto ben organizzate e concepite in linea con i dettami del mercato, il che è pericoloso quando si tratta di partenariati nello scenario educativo, che non dovrebbe in alcun modo essere associato al mondo degli affari e alle sue strategie per ottenere risultati a tutti i costi, dove la concorrenza e la legge della domanda e dell'offerta funzionano bene perché si tratta di materiale usa e getta, di merci, e non di soggetti che possono essere plasmati in base a ciò che produce più profitto.

Il settore privato potrebbe aiutare lo Stato nello scenario educativo attraverso partnership nella pianificazione, nell'organizzazione e nella valutazione delle scuole e in altre situazioni in cui la comunità scolastica desideri tale aiuto, senza togliere la propria autonomia e senza caratterizzare in modo errato la realtà locale con pacchetti preconfezionati.

Ciò che prevale è il trasferimento di risorse pubbliche a individui e organizzazioni con interessi privati senza alcuna reale intenzione di migliorare l'istruzione pubblica con l'accesso a un numero sempre maggiore di persone e con un personale docente più qualificato e ben pagato.

Nei partenariati che sono stati stabiliti negli anni in Brasile, possiamo vedere che si sta concretizzando solo la logica del mercato con un focus sui numeri e l'essenza formativa che è caratteristica dell'educazione pubblica di qualità si sta indebolendo, perché ogni anno viene perfezionato il quadro che regola gli accordi tra il settore pubblico e quello privato, ma anche gli indici educativi non migliorano perché l'educazione brasiliana ogni anno riprende la chiave di stabilire partenariati con il settore privato per aumentare gli indici.

L'istruzione offerta da enti privati è un diritto costituzionale che rispettiamo perché hanno una logica chiusa e i genitori che iscrivono i propri figli in questi istituti ne condividono gli scopi e accettano i loro regolamenti interni come i più adeguati per l'educazione dei loro figli.

Quello che contestiamo è la logica privatistica del mercato che entra nell'istruzione pubblica, volendo che agisca secondo i dettami neoliberali con un focus su materie specifiche come il portoghese e la matematica e dimenticando la formazione completa delle materie che coinvolgono la filosofia, la sociologia, le arti e l'educazione fisica che, come altre, contribuiscono a formare un cittadino capace di vivere nella società.

Con la logica mercantile nell'istruzione pubblica attraverso i partenariati, gli studenti che dipendono dall'istruzione pubblica sono colpiti da un insegnamento frammentato perché il mercato dice che alcuni contenuti non sono importanti per la loro formazione e, poiché sono gestiti dallo Stato, finiscono per definire ciò che gli conviene senza ascoltare coloro che mettono in pratica le loro decisioni - la comunità scolastica.

Contestiamo il fatto che le posizioni dell'istruzione pubblica siano sempre definite da persone provenienti dalla sfera privata, che spesso non hanno nemmeno la formazione specifica per questo compito, rispetto agli insegnanti che sono funzionari pubblici che hanno superato il vaglio della meritocrazia e sono in grado di aiutare lo Stato a decidere i percorsi migliori per l'istruzione.

L'argomentazione addotta dallo Stato per la stipula di partenariati è quella di innalzare gli standard, cosa che riteniamo pericolosa quando la qualità dell'istruzione diventa esclusivamente una questione di somiglianza di numeri elevati e di controllo dei tassi di abbandono, di fallimento e di superamento degli esami, senza tenere conto del modo in cui questo processo si svolge.

Riteniamo che l'istruzione pubblica del Paese debba essere pianificata, guidata e gestita dal governo e che lo Stato possa entrare in partnership con entità private, purché si tratti di una richiesta e di un'iniziativa delle entità educative pubbliche e non di un'imposizione per soddisfare gli interessi politici ed economici del capitale.

Nel campo dell'istruzione pubblica, il successivo smantellamento della sua natura avviene proprio a causa della sopravvalutazione delle logiche di mercato, tipiche del mondo imprenditoriale, che divinizzano la gestione manageriale con un focus su obiettivi e risultati scollegato dalla realtà e spesso precario e meno focalizzato su un'educazione pubblica di qualità sociale per tutti.

# RIFERIMENTI

BOBBIO, Norberto. **Stato, governo, società**: verso una teoria generale della politica. Capitolo III. Stato, potere e governo. [traduzione di Marco Aurelio Nogueira]. Rio de Janeiro: Paz e Terra, 15ª edizione, 2009.

BRAGA, Simone Bittencourt. **Il pubblico e il privato nella gestione delle scuole pubbliche brasiliane**: uno studio del programma "Excellence in Educational Management" della Fondazione Sociale Itau. Tesi di Master dell'Università Federale del Para/PPGED. Beldm, 2013. Disponibile all'indirizzo: <http://ppged.belemvirtual.com.br/>.

BRASILE. **Emendamento costituzionale federale** all'articolo 60 della Legge sulle disposizioni costituzionali transitorie. Gazzetta ufficiale dell'Unione. Brasilia, 5 ottobre 1988. Disponibile all'indirizzo: <http://www.planalto.gov.br/ccivil_03/Constituicao/Constituicao.htm>. Accesso: 27/04/2016.

**Legge n. 13.019 del 31 luglio 2014.** Stabilisce il quadro giuridico per i partenariati volontari, che comportino o meno trasferimenti di risorse finanziarie, tra la pubblica amministrazione e le organizzazioni della società civile, in un regime di mutua collaborazione, per il raggiungimento di scopi di interesse pubblico; definisce le linee guida per la politica di promozione e collaborazione con le organizzazioni della società civile; stabilisce il termine di collaborazione e il termine di affidamento; modifica le leggi n. 8.429, del 2 giugno 1992, e n. 9.790, del 23 marzo 1999. Brasilia, 2014.

. **Legge n. 13.204, del 14 dicembre 2015.**Modifica la legge n.º 13.019, del 31 luglio 2014, "che stabilisce il quadro giuridico per i partenariati volontari, che comportano o meno trasferimenti di risorse finanziarie, tra la pubblica amministrazione e le organizzazioni della società civile, in un regime di reciproca collaborazione, per il raggiungimento di scopi di interesse pubblico; definisce le linee guida per la politica di promozione e collaborazione con le organizzazioni della società civile; stabilisce il termine di collaborazione e il termine di promozione; e modifica le leggi 8.429, del 2 giugno 1992, e 9.790, del 23 marzo 1999".429 del 2 giugno 1992 e 9.790 del 23 marzo 1999"; modifica le leggi 8.429 del 2 giugno 1992, 9.790 del 23 marzo 1999, 9.249 del 26 dicembre 1995, 9.532 del 10 dicembre 1997, 12.101 del 27 novembre 2009 e 8.666 del 21 giugno 1993; abroga la legge° 91 del 28 agosto 1935. Brasilia, 2015.

**Legge 9 settembre** 1997, **n. 9.491.** Modifica le procedure relative al Programma Nazionale di Privatizzazione, abroga la Legge 12 aprile 1990, n. 8.031 e stabilisce altre disposizioni. Brasilia, 1997. Dispomvelem :
http://www.planalto.gov.br/ccivil 03/LEIS/L9491.htm.

**Legge n. 13.334, del 13 settembre 2016.**Crea il Programma di Partenariato per gli Investimenti - PPI; modifica la Legge n. 10.683, del 28 maggio 2003, ed emana altre disposizioni. Brasilia, 2016. Dispomvelem :
http://www.planalto.gov.br/ccivil 03/ato2015-2018/2016/lei/L13334.htm. Consultato il

18 marzo 2018.

[Piano nazionale dell'istruzione (PNE)]. Piano nazionale di istruzione 2014-2024 [risorsa elettronica]: Legge n. 13.005, del 25 giugno 2014, che approva il Piano Nazionale dell'Educazione (PNE) e stabilisce altre disposizioni. - Brasilia: Camara dos Deputados, Edigoes Camara, 2014. 86 p. - (Serie Legislazione; n. 125)

. **Legge n. 8.987, del 13 febbraio 1995.** Prevede il regime di concessioni e autorizzazioni per la fornitura di servizi pubblici di cui all'art. 175 della Costituzione federale e altre misure. 175 della Costituzione federale e altre misure.

. **Legge n. 11.079, del 30 dicembre 2004.** Stabilisce le regole generali per le gare d'appalto e i contratti di partenariato pubblico-privato nell'ambito della pubblica amministrazione.

. **Regolamento della Camera dei Deputati.** Disponibile a: <http://www2.camara.leg.br/glossario/i.html#Imunidadeformal>. Consultato il: 04/04/2016.

BRESSER-PEREIRA, Luiz Carlos. **La riforma dello Stato degli anni '90: logica e meccanismi di controllo 1997.** Caderno MARE, n. 1. 1997. Disponibile a: http://www.bresserpereira.org.br/. Ultimo accesso il: 07/08/2015.

BRESSER-PEREIRA, Luiz Carlos; GRAU, Nuria Cunill. Tra Stato e mercato: il pubblico non statale (15-48).IN: BRESSER-PEREIRA, Luiz Carlos; GRAU, Nuria Cunill (org). **Il pubblico non statale nella riforma dello Stato.** Rio de Janeiro: Editora FGV, 1999.

CAETANO, Maria Raquel e PERONI, Vera Maria Vidal. L'istruzione secondaria in Brasile e la proposta educativa dell'Istituto Unibanco: considerazioni sulla mercificazione dell'istruzione pubblica. In: PERONI, Vera Maria Vidal. **Dialoghi sulla ridefinizione del ruolo dello Stato e dei confini tra pubblico e privato nell'educazione** - Sao Leopoldo: Oikos, 2015.

DAMATTA, Roberto. **A casa e a Rua:** espago, cidadania, mulher e a morte no Brasil. 5 ed.-Rio de Janeiro: Rocco, 1997.

DUBLANTE, Carlos Andre Sousa. **Gestione della scuola: fondamenti e pratiche nel contesto delle scuole pubbliche.** Sao Luis: Edufma, 2011.

FERREIRA, A. B. de H. **Dicionario da lingua Portuguesa.** Editora Nova Fronteira: Rio de Janeiro, 2001.

FLORENZANO, M. B. B.. *Polis* e *oikos,* il pubblico e il privato nell'antica Grecia.

Labeca, San Paolo, 2001.


FRIGOTTO, G. La **scuola "senza" partito**: la sfinge che minaccia l'educazione e la società brasiliana. Rio de Janeiro. UERJ, LPP, 2017. Disponibile all'indirizzo: https://drive.google.eom/file/d/0B8ZDG4hi54IEZ05HQWdzUmViekE/view


GRAZZIOLI, Ayrton. Il quadro normativo del terzo settore e la legge 13.019/14. Sao Paulo, 2016. Disponibile all'indirizzo: http://observatorio3setor.org.br/colunas/airton-grazzioli-curador-de-fundacoes-de-sao-paulo/o-marco-regulatorio-do-terceiro-setor-e-a-lei-13-01914/. Acceduto il 18 mar. 2018.


GOMES, Albiane Oliveira. **Dal piano scolastico alla scuola del piano**: implicazioni del Piano di Sviluppo Scolastico (PDE Escola) per la qualità dell'insegnamento nelle scuole comunali di Sao Luis/MA. Tesi di dottorato presentata al PPGED/UFPA. Beldm, 2016.


HARVEY, David. **L'enigma del capitale** e le crisi del capitalismo. Traduzione di Joao Alexandre Peschanski. Boitempo, San Paolo, 2011. Disponibile all'indirizzo: https://escoladequadrosmes.files.wordpress.com/2014/01/oenigmadocapital-eascrisesdocapitalismo.pdf. Consultato il 26 maggio 2018.


HOBBES, Thomas. Il **Leviatano, ovvero la materia, la forma e il potere di uno stato ecclesiastico e civile**. [traduzione di Rosina D'Angina]. 1ª edizione. San Paolo: Martin Claret, 2014.


JAPIASSU, Hilton; MARCONDES, Danilo. **Dicionario basico di filosofia**. 5. ed. Rio de Janeiro: Jorge Zahar. 2008.


LIBANEO, J. C. **Perspectivesas de uma pedagogia emancipadora face as transformações do mundo contemporaneo**. Rivista Pensar a pratica. V.1. 1998. Disponibile all'indirizzo: https://www.revistas.ufg.br/fef/article/view/8/2613. Consultato il 30 marzo 2018.


LOCKE, John. **Secondo trattato sul governo civile**. Editore: Liberal Book Club. n.d.


LUZ, Liliene Xavier. Quadro giuridico dell'istruzione pubblica e privata nel contesto della post-riforma dello Stato. *In:* PERONI, Vera; ADRIAO, Teresa (Org.). **Gestione dell'istruzione comunale e partnership con l'Istituto Ayrton Senna**. Goiania: FUNAPE; Recife: ANPAE, 2013. p.126-147.


MONTANO, Carlos. Il **terzo settore e la questione sociale**: Critica del modello emergente di intervento sociale. San Paolo: Cortez Editora, 6ª edizione, 2010.

. **O canto da Sereia**: critica all'ideologia e ai progetti del "Terceiro Setor". San Paolo: Cortez, 2014.


MORALES, Carlos Antonio. **Né privato né statale**: alla ricerca di una nuova strategia per la fornitura di servizi pubblici. Revista do Servigo Publico. Ed. ENAP: Brasilia, 1998: Disponibile a : https://revista.enap.gov.br/index.php/RSP/article/view/402/409. Consultato il 13 aprile 2017.

PAULANI, Leda. Il progetto neoliberale per la società brasiliana: le sue dinamiche e le sue impasse. In: LIMA, Julio Cdsar Franga; NEVES, Lucia Maria Wanderley. **Fondamenti dell'educazione scolastica nel Brasile contemporaneo**. Rio de Janeiro: Editora FIOCRUZ, 2ª .reprint, 2008, p. 67-107 . Disponibile a: http://www.epsiv.fiocruz.br/upload/d/CAPITULO 2.pdfAccettato il 26 gen. 2018.


PERONI, Vera M. Vidal. **Ridefinire il ruolo dello Stato**: i partenariati pubblico-privati e la gestione dell'istruzione. ANPAE, 2010. Disponibile all'indirizzo: <http://www.anpae.org.br/iberolusobrasileiro2010/cdrom/123.pdf>.


PERONI, V. M. V. **Politica educativa e ruolo dello Stato in Brasile negli anni 1990**. San Paolo: Xama, 2003.


PERONI, V. ADRIAO, Thereza. **Programa Dinheiro Direto na escola**: uma proposta de redefinigao do papel do Estado **na** educação? Brasilia. Istituto Anisio Teixeira, 2007.


RISCAL, Sandra Aparecida. Le riforme dell'istruzione, la flessibilizzazione del lavoro e le linee guida delle agenzie internazionali. *IN:* GEMAQUE, R. M. O; LIMA, R. N (org). **Le politiche educative pubbliche** - il governo Lula in questione. Beldm: CEJUP, 2006.


SANTOS, T. F. A. Monteiro dos. **Amministrazione pubblica e istruzione in Brasile**: partenariati pubblico-privati. Revista Exitus, Vol.02. n.01. gennaio/giugno, 2012.


SAVIANI, Dermeval. **Historia do tempo e tempo da historia**: estudo de historiografia e historia da educagao, Campinas, SP: Autores Associados, 2015. (Colegao Memoria da Educagao).


SENA, Paulo. La storia del PNE e le sfide della nuova legge. In: Brasil. [Piano Nazionale dell'Educazione (PNE). Piano Nazionale dell'Educazione 2014-2024 [risorsa elettronica] : legge n. 13.005, del 25 giugno 2014, che approva il Piano Nazionale dell'Educazione (PNE) e prevede altre disposizioni. - Brasilia : Camara dos Deputados, Edigoes Camara, 2014. 86

p. - ( 8ёпelegislagao ; n. 125). Disponiblelem :
http://www.observatoriodopne.org.br/uploads/reference/file/439/documento-
referencia.pdf. Acceduto il: 17 marzo 2018.

SILVA, Tomaz Tadeu. La "nuova" destra e le trasformazioni della pedagogia della
politica e della politica della pedagogia. *In:* GENTILI, Pablo (Org.); SILVA, Tomaz
Tadeu da (Org.). **Neoliberismo, qualità totale ed educazione**: visioni critiche. 13ª
edigao. Petropolis: Editora Vozes, 2010. p. 11-29.

SGUISARDI, Waldemar. L'**Università brasiliana nel XXI secolo** - Le sfide del
presente. 1. ed. San Paolo: Cortez, 2009. v. 1. 344p.

SOUZA, Silvana Aparecida de. **Educazione, volontariato e "responsabilità sociale"**.
San Paolo: Xama, 2013.

CABRAL NETO, A; CASTRO A. M. D. **Reflexoes sobre os actuais cenários da
política educacional na América Latina**. O publico e o privado, n°5. Gennaio/giugno.
Ceara, 2005. Disponibile su :
<http://www.seer.uece.br/?ioumal=opublicoeoprivado&page=index>. Acceduto il: 20
gennaio 2016.

VALE, Cassio. **Echi di managerialità nell'amministrazione/gestione della scuola
pubblica attraverso il Patto per l'Educazione Para**. Documento di conclusione del
corso presentato alla Facoltà di Scienze della Formazione dell'Università Federale di
Para. Betem, 2016.

. **Sussumere il pubblico e il privato nell'educazione in Pará**. Tesi di master presentata
al Programma post-laurea in Educazione dell'Università Federale del Pará
(PPGED/UFPA). Betem, 2017.

# Indice